Santiago Suñol i Molina

RÈQUIEM PER SANTA CECÍLIA

HISTÒRIA DE LA DEVASTACIÓ DEL TEMPLE DE LA MORT DE LLEIDA

la tempestad | no ficción

Rèquiem per Santa Cecília.
Història de la devastació del temple de la mort de Lleida

Primera edició: mayo de 2019

© Santiago Suñol i Molina
© d'aquesta edició: Ediciones La Tempestad S.L, 2019

Llibres de l'Índex®
carrer Pujades, 6 - Local 2
08005 Barcelona
Tel: 932 250 439
E-mail: info@llibresindex.com
www.llibresindex.com

ISBN: 978-84-7948-168-1

Imprès a la Unió Europea

A Pepita Bert (1935-2014):

Ni que només fos
per veure't la claror dels ulls
mirant el cel.
Ni que només fos
recórrer junts el bell jardí
del teu passat.
Ni que només fos
perquè sentissis
com t'enyorem.
Ni que només fos
poder-nos dir
un altre adeu.

Nota prèvia marginal

Majoritàriament el material d'imatges visuals exposades en aquest llibre, així com bona part del dilatat tractament informatiu i documental en relació a conceptes, tècniques i factors de queixa acumulats a bastament, havien estat ja posats amb anterioritat a la present edició a l'abast i a la llum pública, i per tant en coneixement a balquena d'entitats públiques i socials de l'àmbit cultural lleidatà, mitjançant dossiers documentals i plecs d'al·legacions, també lliurats a grups polítics del cartipàs municipal i al propi Consistori i al seu directori del Consell de Patrimoni, alhora que a organismes oficials de Cultura, Territori i Sostenibilitat i Síndicatura de Greuges, a banda de nombrosos articles que esmentem inserits cronològicament i formant part de les prerrogatives divulgatives habituals de la premsa escrita local, tant de paper com digital, en el transcurs de més de dos anys i, fins i tot, un video penjat a la xarxa a través del Facebook. No oblidant tampoc la inclusió de referències bibliogràfiques i legislatives que puguin ajudar a complementar les informacions, a l'igual que facilitar amb un breu nomenclàtor específic a l'Annex el significat d'expressions pròpies sobre terminologia dels principals elements arquitectònics que s'hi descriuen.

Sumari

Prefaci

'US ESPEREM AL TEMPLE DE LA MORT'

Durant 104 setmanes a la ciutat de Lleida hem estat parlant, escrivint, publicant i debatint, amb major o menor fortuna i encert, sobre el ja emblemàtic recinte funerari de *Santa Cecília* tot fent ús d'una riquesa insòlita de llenguatge relacionat d'una manera o altra amb la mort. Que si espais sagrats, despulles, nínxols, estat de ruïna física, reglamentària, irreversible o parcial, arcades, pilars, capitells, galeries, esfondraments, forats negres, enderroc, patrimoni històric o monumental, bé cultural, etc.

Però no calia anar tan lluny. Només calia llegir el que deia *Joan Sales* el 1940 en les seves cartes al nostrat poeta *Màrius Torres i Perenya* (1910-†1942), referint-se a l'elegància amb què els seus impecables poemes ens parlen de la impura o tal vegada angèlica mort, evocant coses que tenen una forta càrrega de significat que perdura unes quantes generacions enllà perquè tenen a veure amb la representació immaterial de la cultura: *arcs, pòrtics, capitells, portal de misteri, runes i tenebres, trist recinte humil i gras, fosca que glaça*, etc.

Ho diu clarament en el sonet d''*El temple de la Mort*', on aquesta és a la manera d'un *arc* triomfal bastit sobre la frontera mateixa (*pòrtic*) de l'espai (*on la vida governa*) que està més enllà de les coses terrenals que tant ens abalteixen, però que al seu costat té l'altra mort, la immunda, el nínxol, la tomba (*el trist recinte 'humit i gras'*). Concepte mateix de conjunt històric indestriable, d'un llegat de béns arquitectònics, nínxols d'una banda, o certesa de dissipació, i pòrtics de l'altra, o instint de perpetuïtat, que formen una indiscutible unitat estructural i d'assentament, contínua i interdependent, a més d'original, històrica, i també poètica, com a testimoniatge de la cultura d'una comunitat (*poble d'ocells*) i d'una època.

Com un poble d'*ocells*, fills de la llum eterna,
des dels *pòrtics* del temple d'un déu abandonat,

o cos meu, la meva ànima, sedent de claredat,
guaita enfora, a l'espai on la vida governa,

no pas dins teu, al *trist recinte humit i gras*
on regna, entre la fosca que glaça les palpebres,
la Mort, la immunda Mort, oferta en els altars
a un culte corromput de *runes i tenebres.*

La Mort — tots els camins que arriben fins a Déu
passen sota els teus *arcs, o portal* de misteri —.
Ah, qui pogués morir *sense agonia,* lleu,

cara a la sola llum, a l'esplendor aeri,
alegre, lliure, net com el vol d'un ocell,
travessant l'*arc* més alt a frec de *capitell!*

Però el poeta *Màrius* té un altre poema intimista — i jo diria i afegiria
que també *premonitori del tràgic final de Santa Cecília* — en què s'estre-
meix i desespera davant la mort, i el titula paradoxalment 'Dolç Àngel de
la Mort', atès que traspua el dolor per la pèrdua que es tem de si mateix i
de tot el seu entorn (*allò que he estimat,* la *terra amarada de plors,* el *llast
de records*) i aquesta angoixa i dolor transcendents, esperant el pitjor
desenllaç, l'empeny cap al conformisme eixorc davant el tot poderós i
a desitjar amb afany que finalment tot plegat acabi d'una vegada, sense
agonia, agafant embranzida com el vol d'un ocell (*tinc peresa de viure
demà encara...*):

Dolç Àngel de la Mort, si has de venir, més val
que vinguis ara.
Ara no temo gens el teu bes glacial,
i hi ha una veu que em crida en la tenebra clara
de més enllà del gual.
Dels sofriments passats tinc l'ànima madura
per ben morir.
Més que el dolor sofert, el dolor que es prepara,
el dolor que m'espera em fa mal...
I gairebé donaria, per morir ara
—morir per sempre—, una ànima immortal.

Doncs bé, així ens manifestàvem en un l'article titulat '*Us esperem al
temple de la mort',* enviat el dia 14 de juliol del 2017 a la premsa local i

que l'endemà publicaren els diaris digitals, però no els de paper, un dels quals però ho feu el dia següent. Article que pretenia servir-se'n de la màgia d'aquests versos per remoure la sensibilitat ciutadana arran de la convocatòria per al següent dimecres, dia 19, a les 11:30 hores, d'una concentració que havia de tenir lloc al nostrat departament de *Santa Cecília*, tot esperant una assistència massiva, tant de ciutadania com d'entitats, per tal de proclamar solemnement un manifest en defensa de la preservació d'aquest recinte funerari, el més antic i testimonial del cementiri.

El resultat fou que l'Ajuntament començà d'immediat a pressionar les entitats fent-los-hi xantatge davant la perspectiva d'una concentració multitudinària el dia 19 al cementiri i el director del reputat *Orfeó lleidatà*, aleshores portantveu de les entitats, volgué fer-se enrere i cancellar una convocatòria, segons ell, anunciada de part i de forma irregular, instant al diari *'Segre'* que no publiquessin un article que d'antuvi *'per se'* ja es resistien a fer sobre l'ajornament per l'alcaldia de la sessió del seu *Consell de Patrimoni* del dia 20 per al dia 13 de setembre i entomant el gest conciliador del director de l'*Orfeó* per anunciar-nos que l'endemà no farien la concentració al cementiri ni la roda de premsa previstes, sinó que enviarien un manifest elaborat *ad hoc* a tots els mitjans de comunicació.

Si bé el poema de Màrius Torres pertany al seu món personal i íntim, també transcendeix en el nostre estat d'ànim envers un moment desesperançat com el d'ell, enfront de la mort invocada aleshores i nosaltres atuïts per l'enderroc d'un recinte funerari on hi descansen generacions de gent estimada amb qui hem conviscut. I això ens retorna ara a la paraula d'un altre poeta, *Jacint Verdaguer*, qui en el seu poema de *'Los dos campanars'* hi descobrim el símil metafòric paral·lel entre els dos campanars enderrocats dels monestirs de *Cuixà* i el *Canigó* a la muntanya del Canigó, amb els recintes funeraris de *Sant Anastasi* i *Santa Cecília*. Vegem-ho.

En l'estrofa *'catorzena'* ens parla directament del que *'sent'* aquest monestir del *Canigó* que només fa que plorar, sense esperança que li tornin el que *'tenia'*, sabent que *'tot allò que enyora no tornarà mai'* i a causa d'això s'enfonsa, i el seu germà, el de *Cuixà*, acompanyant-lo amb el sentiment li diu que *'cauran junts'*. Cuixà (o *Sant Anastasi*) té nou-cents (*dos-cents*) anys, diu metafòricament que la lluna s'estranya de trobar-lo dret, ja que el monestir és molt antic. Quan s'enderroqui el del *Canigó* (o *Santa Cecília*) li farà companyia i diu que no els sabran reconèixer les generacions futures. Al final fa una cloenda dient que el que un segle va fer l'altre ho va desfer però que el *Canigó (Santa Cecília)* mai el tiraran a terra la tempesta (*mal temps, infortuni*), el torb (*desori, garbuix, embolic*), l'odi (*desafecció, manca d'emotivitat, malvolença*) i la guerra (*pertorbació, desballestament, poder* fàctic, *mercadeig, clientelisme*).

I jo plorava amb ells i encara ploro
més ai!, sense esperança de conhort...

Caurem plegats, —lo de *Cuixà* (*Sant Anastasi*) contesta—
Jo altre cloquer tenia al meu costat...

Lo que un segle bastí, l'altre ho aterra,
més resta sempre el monument de Déu,

i la tempesta, el torb, l'odi i la guerra
al *Canigó* (*Santa Cecília*) no el tiraran a terra,
no esbrancaran l'altívol Pirineu (*Cementiri*),

Si segons el poeta la mort és la paraula interrompuda, aquest llibre és una manera de mirar de fixar la memòria, intentar deturar el temps i d'alguna manera esdevenir, doncs, una forma de conservar davant la barbàrie, si més no, el patrimoni immaterial, emotiu i sentimental que transcendeix i depassa més enllà la simple memòria dels nostres avant-passats i els seus noms de família. Perquè, no només, tot i que també, és una qüestió sensible i personalitzada, de conservar *làpides i altres elements que els propietaris de nínxols considerin distintius o estimats* per entendre que són espais sagrats amb una forta càrrega de significat que perdura unes quantes generacions enllà, sinó que també és la vulneració del concepte mateix de conjunt històric, d'un llegat de béns arquitectò-nics, nínxols d'una banda i pòrtics de l'altra, que formen una indiscuti-ble unitat estructural i d'assentament, contínua i interdependent, a més d'original i històrica, com a testimoniatge de la cultura d'una comunitat en una època determinada, digna d'ésser catalogada amb tots els *ets i uts* legals, i que en dissociar-ne la unitat del conjunt per enderroc d'un dels components, posa en risc que l'altra romangui dempeus, o que les illes centrals de mausoleus i panteons restin privades de l'entorn històric que en revaloritza el seu propi valor artístic intrínsec i temporal.

Ara que semblen bufar nous temps de primavera política, esperem que no calgui remetre'ns a l'epitafi de retret i blasme que Lluís Llach de-dicà als destructors de cementiris a '*Campanades a morts*', quan escrivia això: '*Que mai no tingueu repòs en cap dels vostres dies i que en la mort us persegueixin les nostres memòries*'.

1. PRIMERA NECRÒPOLI CIVIL

1.1. *'LO GARRUT'*, CEMENTIRI ANTIC DE LLEIDA

Al davant de l'actual cementiri municipal de Lleida hi havia al tombant dels segles xviii i xix un hospital que es va convertir en leproseria i que pertanyia a terres de l'antic llogarret de Palau d'Horta, indret que a la primeria del segle xvi ja se'n deia Palauet, i que era situat en l'actual partida del *Pla de Vilanoveta*, afrontant amb el camí que anava cap a Barcelona (actual *CN-II*) en el punt d'entroncament amb els altres camins a Balaguer i Tarragona. Quan els monjos trinitaris abandonaren el lloc, el conjunt de cases mig ruïnoses fou adquirit pel canonge J. Pastoret, que les va convertir en una vil·la rústica coneguda com a *'Torre Pastoret'*.

Doncs bé, aquí l'any 1809, és a dir, un any abans de l'arribada de les tropes franceses a Lleida, es va començar a construir el primer i molt rudimentari cementiri de Lleida, que atenent a raons de salubritat vindrà a substituir els antics fossars parroquials situats muralles endins al centre de l'urbs i al voltant de les respectives esglésies. Aquest embrionari cementiri sostret de la influència eclesiàstica era tradicionalment una agrupació de tres recintes en estil neoclàssic, dos dels quals de planta rectangular i un tercer trapezoïdal, construïts al llarg del segle xix. Els dos de planta quadrada comprenien quatre blocs de nínxols recolzats en els antics murs perimetrals de tancament del recinte i amb frontis de galeries sota porxos columnars a imitació dels claustres religiosos, envoltant cadascun d'aquests conjunts els espais centrals enjardinats i amb plantació d'arbres tal com aconsellava la regulació reial i el pare de la vegetació funerària, el regidor municipal *Celestí Barallat i Falguera* (-†1905), i on s'hi troben els panteons i tombes de caràcter monumental aixecats pels arquitectes lleidatans de l'època o posteriors per a les famílies benestants, juntament amb les fosses comunes per a la gent pobre.

Conegut popularment com *'lo Garrut'*, malnom del propietari d'una finca rústica de secà de la partida lleidatana del *Pla de Vilanoveta* pel fet d'ésser *garrell* i tenir les cames arquejades o tortes, sobre el terreny adquirit d'aquest senyor l'any 1784 primer es varen obrar la parella de recintes de *Sant Cristòfor* i *Sant Anastasi* pels volts de l'any 1812, en la cruïlla de les tres carreteres de Lleida a Barcelona, Tarragona i Balaguer. I més tard, a partir de 1880, s'hi afegiria contigu el de *Santa Cecília*, de manera que ambdós conjunts tenen façana i accés per a la Carretera Nacional II (actual *Rotonda LL-11*), però avui dia tan sols es fa servir la porta principal de *Sant Anastasi*, que presenta un enreixat de ferro forjat.

1.2. AMPLIACIÓ DE L'ESPAI NECROLÒGIC A LLEIDA

L'ampliació de l'espai funerari de la ciutat de Lleida fou obra d'un prohom de l'elit agrària de Ponent, *Enric d'Hostalric i Colomer* (1856-†1921), *baró* de Casa Fleix, en cedir l'any 1867 quan tant sols tenia onze anys, i sembla que tot just acabava d'accedir al títol baronial, un jornal i mig de terreny rústic de secà, és a dir, una superfície equivalent de 6.525,24 m², per eixamplar el cementiri de *lo Garrut* i poder bastir-hi un nou recinte funerari adossat a continuació del de *Sant Anastasi*.

Fill d'una família de liberals de l'elit agrària lleidatana, així com batlle i propietari de finques al reg del terme de Menàrguens, el *baró de* Casa Fleix fou promotor i impulsà *La Sucrera* (1899-1954) per extreure'n sucre de la bleda-rave, arran de la pèrdua de *Cuba* i d'altres colònies del *Carib* d'on venia la canya sucrera, i també la construcció del carrilet de *Mollerussa-Térmens-Balaguer* (1899-1950). I com a propietari del latifundi de 'Torre Ribera' en terme de Lleida, entre l'actual N-240 i la variant C-13 a Tarragona, de 842 hectàrees de cabuda en terres de regadiu a través de la séquia quarta del Canal d'Urgell, va promoure la construcció del Canal Auxiliar d'Urgell, la Cambra Agrària de Lleida, el projecte de reg per a la Conca de Tremp d'en Clotet, així com la beneficència provincial amb la Casa de la Misericòrdia i la Casa de Maternitat. A més d'aquest latifundi, a Lleida posseïa també altres 13 hectàrees a la partida de 'Moncada' i 15.250 m² en dues parcel·les al secà de 'lo Garrut', una de les quals fou la cedida a la necròpoli lleidatana i l'altra venuda a Mariano de Gomar de las Infantas.

El terreny cedit seria beneït el 30 d'octubre de 1867 pel bisbe de la diòcesi, aleshores *Marià Puigllat i Amigó* (1804-†1870), rector del Seminari de Vic, nomenat per a ocupar la seu episcopal de Lleida el 25 d'octubre de 1861. Durant el seu pontificat es fundà l'Acadèmia Mariana (1862) i aparegué el trisetmanal *'La Voz de Lérida Católica'* (1869), primera publicació catòlica de Lleida. Molt preocupat per l'ensenyament i la tasca de caritat, autoritzà les Missioneres Esclaves de l'Immaculat Cor de Maria (1862) per a l'educació de nenes i l'atenció a la dona marginada.

Ara bé, abans de construir-hi nínxols els enterraments començaren el 17 de març de 1868, havent-ne excavat 18 rases funeràries en els onze anys fins al 27 de març de 1879.

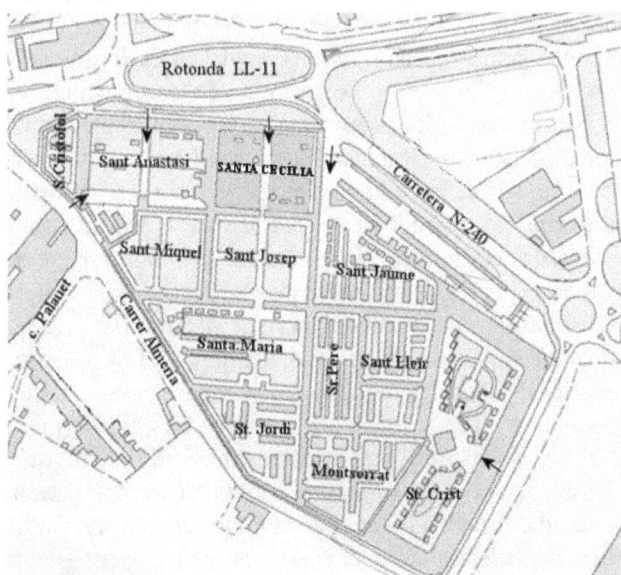

Plànol de l'Institut Cartogràfic i Geològic de Catalunya

1.3. LA CONSTRUCCIÓ D'UN NOU RECINTE

Catalunya en general, i Lleida en particular, han gaudit tostemps d'un estol de notables i prestigiosos arquitectes, abans i després que el 1870 es tanqués l'Escola de Mestres d'Obres de Barcelona i els seus estudis s'incloguessin dins de l'aleshores recent creada Escola d'Arquitectura de la ciutat comtal. D'una mostra dels divuit millors nascuts al llarg del segle XIX, entre 1821 i 1900, set eren fills de Lleida i nats per aquest ordre entre 1821 i 1900: Agapit Lamarca, Ramon Serratosa, Josep Antoni Queralt, Celestí Campmany, Francesc Lamolla, Joan Bergós i Manuel Casas, havent deixat tots la seva empremta en diverses obres a la seva ciutat natal alguns àdhuc a fora (Barcelona, Ourense i Mollerussa) i un altre escrivint, a més, tractats sobre la construcció i recopilació d'assaigs i càlculs de voltes, com és el cas de Joan Bergós, autor d'un llibre titulat 'Materiales y elementos de construcción, estudio experimental' (1953).

Tanmateix, n'hi ha també quatre que sent oriünds d'altres indrets a mitjan segle (de 1829 a 1869) també deixaren la petja d'obres seves a la capital de Ponent, com és el cas de dos barcelonins (Josep Fontserè i Ramon Portusach), un basc (Julio Saracíbar) i un tarragoní (Francesc Morera). Finalment, dels set restants, un era el barceloní Elies Rogent, director de l'Escola de Barcelona; un altre el valencià Rafael Guastavino, difusor durant trenta anys de la 'volta catalana' als Estats Units i sobretot a Nova York; després el genial reusenc Antoni Gaudí; i altres dos més: el tarragoní Josep Domènech i el barceloní Bonaventura Bassegoda, mentre que Joan Torras, el conegut com l'*Eiffel català*', destacà com a calculista, fabricant i professor d'estructures arquitectòniques del ferro que s'imposaren per tot Europa amb l'ús de les voltes aparedades o entre parets, matèria en la que va assessorar per cert a Rogent, Guastavino i Portusach, entre d'altres, i Esteve Terradas com a bon físic, matemàtic i enginyer industrial i de camins, qui fou un pregon coneixedor de la teoría de l'elasticitat i feu una aportació cabdal al càlcul analític de la *volta catalana*' (la també anomenada '*bóveda tabicada*' o *aparedada*), especialment pel que fa al seu comportament elàstic i en assimilar-ho al càlcul de membranes i làmines corbes.

I allò que n'esdevingué indiscutible és que tots, més o menys coetanis, s'influiren plegats mútuament entre sí en estils i tècniques de construcció. Trobar, doncs, un arquitecte idoni per a projectar la construcció d'un nou recinte funerari no era pas una qüestió gens fútil ni banal atès l'elenc de bons professionals del ram que entraren en competició en una època àuria presidida per l'originalitat i la innovació arquitectòniques, però amb garantia absoluta que les obres no serien en cap cas defectuoses ni de nyigui-nyogui.

1.4. OPORTUNÍSSIMA TROBALLA D'ARQUITECTE

Amb tot, quan han estat forasters i no pas nadius els executors d'una obra arquitectònica a Lleida, sovint no tots han tingut un reconeixement prou explícit i continuat en el temps. És el cas paradigmàtic de Ramon Portusach i Barrató, que nat el 1845 a Barcelona, estudià de mestre d'obres prenent el títol l'any 1865 als vint anys d'edat, la qual cosa li permeté d'ingressar a l'Ajuntament barceloní, que li atorgaria una medalla de coure en testimoni de gratitud pels seus eminents i assenyalats serveis prestats a la comunitat durant l'epidèmia del tifus que va colpir la ciutat comtal l'any 1870.

Poc després, i mentre aixecava l'any següent com a mestre d'obres les dues cases que li donarien fama: la de '*Bulbena*' al carrer Lledó 17, edifici d'habitatges entre mitgeres que s'estén ocupant una parcel·la allargassada que va des de la Baixada de Viladecols fins a la plaça Traginers, amb nivell de protecció C pels seus elements d'interès, tot coincidint adossat al circuit de la muralla romana dels segles III-IV del barri Gòtic, que gaudeix de la qualificació urbanística com a BCIN-BIC; i l'altra, la casa anomenada de 'Francesc Oliva' situada en un lloc privilegiat i estratègic a l'inici de la transitada Rambla de Canaletes tot fent cantonada amb carrer Pelai, llavors mateix el nostre home començà a estudiar la carrera d'arquitecte, titulació que va revalidar el 22 de maig de 1877, un any abans que Gaudí, ingressant tot seguit a la 'Compañía de los Caminos de Hierro del Norte' com a modest delineant, encara que ben aviat, per les seves admirables qualitats de talent i laboriositat, fou ascendit a sotscap de la Secció de Via i Obres de la companyia i traslladat a Lleida pels volts de 1878, on a més a més va professar d'assessor municipal d'obres fins a ser-ne nomenat arquitecte de la corporació, càrrec que exercí durant poc més de vint-i-cinc anys.

Ubicació de la Casa Bulbena al barri Gòtic de Barcelona

A Lleida estant, Ramon Portusach desplegà una intensa activitat professional i cívica, essent designat soci honorari del Cercle de Belles Arts, nomenament que li fou concedit per un magnífic projecte de construcció d'un nou Teatre com a guanyador del certamen celebrat el 1879 per l'esmentada entitat. Poc més tard, la companyia ferroviària li ordenà de fer-se càrrec de la direcció de la construcció del tram d'Osca fins a Jaca del projectat 'Ferrocarril Transpirenaico de Canfranc', en compliment de l'acord pres en el 'Pacto del monasterio de Piedra', sobre l'annexió a la Companyia del Nord de la 'Sociedad Anónima Aragonesa' del comte de Sobradiel que en tenia la concessió inicial, transferència de línia de Jaca que fou autoritzada pel govern espanyol el 3 de maig de 1893.

1.5. ACTIVISME CONSTRUCTIU D'EN PORTUSACH

Però l'activisme de Portusach no es limità a l'exercici només del seu càrrec a la companyia ferroviària durant més de 30 anys, havent de desplaçar-se sovint a Auránigo (Osca) perquè portés la direcció en la construcció del ferrocarril d'Osca a Jaca al paratge de 'Los Arañones', on aixecaria l'estació de tren de Jaca que entraria en servei amb l'obertura del tram de línia Osca-Jaca l'u de juny de 1893, sinó que en l'àmbit de la seva plaça com arquitecte municipal de Lleida va construir el mercat de grans de Sant Lluís, mastodòntica estructura metàl·lica que acollia dos cops per setmana el mercat de gra de la ciutat i on els dies de fira s'hi aplegava molt tràfec de marxants de bestiar.

La colossal instal·lació amb coberta fèrria comptant amb l'assessorament tècnic de Joan Torras i Guardiola, a qui coneixia com a mestre seu que n'havia estat i per tenir al Poblenou la fàbrica de ferros i rails d'acer laminat coneguda com 'Can Torras dels Ferros', s'inaugurà l'any 1883, però resultaria danyada en part pel bombardeig que el 2 de novembre de 1937 realitzaren cinc Savoia-Marchetti SM-79 de la Squadriglia 280 de l'aviació legionària italiana, que procedents de Saragossa, van descarregar 13.600 quilos d'explosius sobre la ciutat de Lleida, afectant la Gota de Llet i massacrant especialment el Liceu Escolar, escola aconfessional i progressista situada al capdavall de Blondel, a la vora del mercat de Sant Lluís, el qual seria finalment enderrocat l'any 1960 per a la construcció del bloc edificat de l'estació central d'autobusos de Lleida.

El mercat de Sant Lluís *a l'any 1910*

Gairebé en paral·lel, Portusach inicià també la construcció dels suara esmentats i únics quatre blocs porticats del recinte funerari de Santa Cecília, així com d'un asil per acollir a infants de famílies humils acabat entre febrer i desembre de 1901, donant així compliment amb un retard des de l'any 1863 a les últimes voluntats testamentàries d'en Josep Borràs i Suís, regidor de l'ajuntament de Lleida, convertint-se en el darrer establiment de beneficència a la ciutat després d'una llarga tradició de segles i el primer edifici d'estil modernista en ser aixecat quan el carrer Balmes només era un camí rural en un descampat de l'antiga muralla, un xic més enllà de la Porta de Boters.

D'altra banda també executà honrosos encàrrecs professionals, com ho proven els nombrosos apunts, notes, avantprojectes i projectes de les innumerables obres que va construir en el ferrocarril i que deixà ordenadament col·leccionades.

Acabats el ferrocarril Osca-Jaca i tot just també els 760 nínxols amb galeria porxada al davant construïts a l'actual recinte funerari de Santa Cecília del cementiri 'lo Garrut' de Lleida en els vint-i-set anys entre 1880-81 i juny del 1907, Portusach fou traslladat per la companyia ferroviària a Saragossa aquest darrer any, estant-s'hi allotjat a l'adreça del carrer Jaume I núm. 27 segons l'Anuari del COAC de 1907, on s'hi va jubilar tot passant amb excés de l'edat assenyalada per fer-ho, retornant aleshores a Barcelona, la seva ciutat natal, on va morir el dia primer de març de 1915.

Ramon Portusach el 1889

1.6. MAGNE I VALUÓS LLEGAT ARQUITECTÒNIC

Doncs bé, mentre les dues cases que aixecà a Barcelona (*Bulbena* i *Francesc Oliva*) encara es conserven dempeus i estan declarades com a bé cultural, i igualment subsisteix la casa '*Agustí Hijar*', edifici d'època *premodernista* construït el 1872 al passeig de Gràcia entre València i Aragó, on s'hi troben ubicats els exclusius i luxosos apartaments Rocamora i les botigues Lacoste i Liu Jo, per contra la malastruga sort de la colossal estructura metàl·lica del *mercat de Sant Lluís* fou la demolició al cap de setanta-set anys de la seva construcció i vint-i-tres d'haver-ne rebut l'impacte parcial causat pel bombardeig italià sobre el Liceu Escolar i la Gota de Llet el novembre de 1937. Dissort pariona a la que patí l'*Asil Borràs* per a infants de classes humils treballadores a finals de 1976 per fer-hi una plaça dedicada a Pau Casals després d'haver estat seu de l'"*Auxilio Social*" durant el franquisme i més tard (1972) caserna de la policia urbana municipal.

Dissort que d'altra banda se li espera també al conjunt de blocs de nínxols porticats de Santa Cecília, ja condemnats a un immediat enderroc per una qüestió merament administrativa sobre uns pressupostos fal·laçment diferenciats en llur quantia entre dues opcions de només rehabilitar-los o bé d'enderrocar-los i substituir-los per altres d'obra nova, amb rerefons aneu a saber si especulatiu i amb total menyspreu de ser actualment el sector més antic del cementiri, amb tan sols una antiguitat compresa entre els 139 i 112 anys i obrat, com veurem més endavant, amb la tradicional tècnica de la *volta catalana de maó de pla*, que arquitectes deixebles de Terradas, com Bonaventura Bassegoda i el nostrat lleidatà Joan Bergós, varen revifar-ne l'ús posant al dia l'estat de la qüestió, tot fent extensius arreu els assaigs a altres tipus de construccions amb *maó de pla*, atès que així, amb material ceràmic, es construirà l'Eixample de Barcelona, formant estructures molt més lleugeres que les tradicionals de pedra i fusta. Sistema arribat doncs des de Barcelona a la capital del Regne en els primers anys del segle xx, per designar el qual a Madrid van encunyar l'etiqueta o denominació de '*construcción a la catalana*', ja que Joan Torras i Guardiola, arquitecte titulat el 1854, professor de l'escola de Mestres d'Obres de la Ciutat Comtal i fabricant i calculista d'estructures metàl·liques, en va ser l'encarregat com a mentor de transmetre als seus alumnes aquesta forma particular de construir que venia executant-se a la Catalunya Nord des de la segona meitat del segle xviii, estenent-se fins a Barcelona a la darreria de segle per contagi de les obres de Josep Renart arran de l'increment demogràfic de la ciutat, així com a les regions occitanes veïnes de Llenguadoc i Provença.

Vergonya, doncs, silenciar per sempre la memòria i la petja d'un valuós autor del nostre patrimoni cultural i històric, seguint un corrent anihilador que entitats que reclamen la rehabilitació i la conservació enfront de la destrucció dels nuclis històrics gallecs han convingut en designar com a 'canibalisme arquitectònic'. Neura anorreadora que s'estén ara aquí tot volent esqueixar a més la indissociable '*unitat predial*' del conjunt arquitectònic que consagra la pròpia jurisprudència al respecte, separant, amb tanta frivolitat i forassenyats tripijocs envers una ciutadania que ha desaparegut com a actor públic, allò que en la seva gènesi era unit, és a dir, columnes i caixes de nínxols, d'una banda, i galeries porticades amb pilastres i arcades, de l'altra, havent deixat de bastir-se aquestes últimes en la resta del departament funerari de Santa Cecília tan bon punt deixà de ser arquitecte municipal el seu creador, en Ramon Portusach. Significatiu, oi?

Quant a l'època i l'estil, el pavelló de *Santa Cecília* és l'únic testimoni que resta dempeus de la categoria històrica i artística de l'estil *neoclàssic*, per bé que situant-se l'obra de Ramon Portusach a cavall de les generacions d'arquitectes entre l'*historicisme* (1859-1887) i el *modernisme* emergent (1888-1914), amb figures tan destacades com les més amunt esmentades d'Elies Rogent i Amat (1821-1897), Rafael Guastavino i Moreno (1842-1908), Enric Sagnier i Villavecchia (1858-1931), Josep Domenech i Estapà (1858-1917) i Joaquim Bassegosa i Amigó (1854-1938).

1.7. NOM ASSIGNAT A CADA RECINTE FUNERARI

Decidida pel govern municipal, aleshores encapçalat per Joseph Solé i Bofill, la construcció d'un nou recinte funerari per tal d'ocupar l'espai de terreny cedit el 1867 pel *baró* de *Casa Fleix* en planta quadrada i superfície d'1,5 jornals (uns 6.525 m^2), es va procedir de bon antuvi a formar un tancat tetragonal amb quatre parets o murs perimetrals d'un gruix de 50 cm, en les quals hi recolzarien interiorment els nínxols de cada bloc a construir a raó de 5 nivells en altura vertical, tot constituint així un conjunt de 1.531 nínxols adossat a continuació del ja edificat, tancat i contigu de *Sant Anastasi*, tenint doncs una densitat de sepulcres no en fossa sinó erigits en bateria, recolzant-se d'esquena en els quatre murs de tancament, de 23,5 nínxols per cada 100 m^2 de superfície del recinte, circumval·lant tot plegat un pati o espai interior enjardinat i destinat a tombes, panteons i mausoleus de més o menys caràcter monumental.

I d'acord amb aquest disseny, en la sessió municipal de data 7 de gener de 1881 l'excel·lentíssim ajuntament de Lleida acordà denominar la part dreta entrant i *més antiga*: 'Departament de *Sant Cristòfor*'. I la part de l'esquerra entrant i *més nova*: 'Departament de *Santa Cecília*'. Mentre que la part central entre ambdues, rebé el nom de '*Sant Anastasi*'. Si més no, així consta manuscrit en la pàgina 4 de la '*Noticia sobre el cementerio de Lérida*' que reproduïm tot seguit.

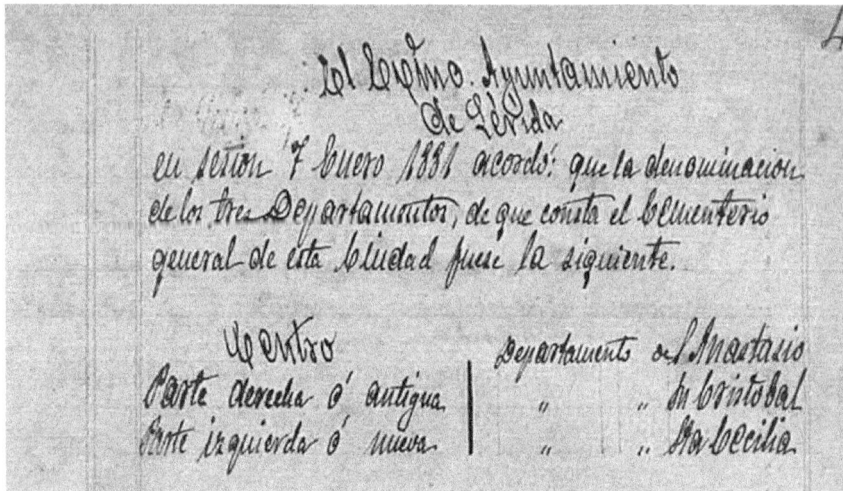

1.8. AUTORIA I COST DE CONSTRUCCIÓ DE *SANTA CECÍLIA*

L'autoria de Ramon Portusach i Barrató en l'execució si més no dels 120 primers nínxols de Santa Cecília, incloent-hi galeria, cornises, teulades, acabats, fustam, enrajolat de paviment i demés elements constructius, queda acreditada documentalment amb el seu projecte d'obra i plec de condicions facultatives de data 2 de gener de 1882, i que inclòs com a document núm. 01563/05 es conserva sortosament en l'arxiu municipal de la ciutat.

D'aquesta documentació i d'altra relacionada, es constata que amb data 19 de febrer de 1882 va tenir lloc la subhasta pública (probablement la segona) a les onze del matí per a l'adjudicació de les obres de construcció del recinte de *'Santa Cecília'*, sembla que finalment adjudicades el 4 de març al paleta Ramon Tarragó, i ho van signat el paer en cap, aleshores Joseph Solé i Bofill, i el secretari municipal, Antoni Serra i Mostany, qui també era vocal de l'associació excursionista de Lleida, tenint pressupostats els primers 120 nínxols un preu unitari de 72 pessetes de l'època i un còmput anticipat de despesa total, doncs, de 8.640 pt. No obstant això, sembla que el paleta Ramon Tarragó ja havia iniciat les obres per l'abril de l'any anterior atès que formulà reclamació per un excés d'obra executada i en demanava l'abonament de 13 nínxols fets de més sobre els que consignava la subhasta (segurament la primera, doncs), la qual cosa motivà la intervenció de l'arquitecte provincial Celestí Campmany per dirimir la qüestió en el seu informe de 12 d'abril de 1881, en què manifestava que a l'assignar el preu unitari de 72 pt. per cada nínxol en el pressupost que es formà oportunament, ja s'hi incloïa a més dels nínxols pròpiament tals, les parts alíquotes per la galeria porticada, teulada, cel ras i paviment de galeria i murs de tancament. I afegia que només per a 13 nínxols sense aquestes alíquotes de construcció, n'hi havia prou amb un valor unitari exclusivament per nínxol de 42,90 pessetes.

1.9. DISPOSICIÓ DEL CONJUNT D'ELEMENTS EN PLANTA

Sobre cartografia de l'*ICGC* amb coordenades *UTM* dels escaires per a determinar-ne mides lineals, vet ací l'esquema de la planta quadrada del recinte de Santa Cecília on s'hi mostren els set *blocs massius de nínxols* del recinte adossats a la cara interior dels antics quatre murs perimetrals de tancament, dels quals només quatre estan proveïts de *galeria porticada* frontal (*A*, *B*, *F* i *G*), que són precisament els afectats en l'actualitat pel decret de *'ruïna parcial'* de la Paeria de Lleida de gener de 2017 i que comporta el seu enderroc immediat.

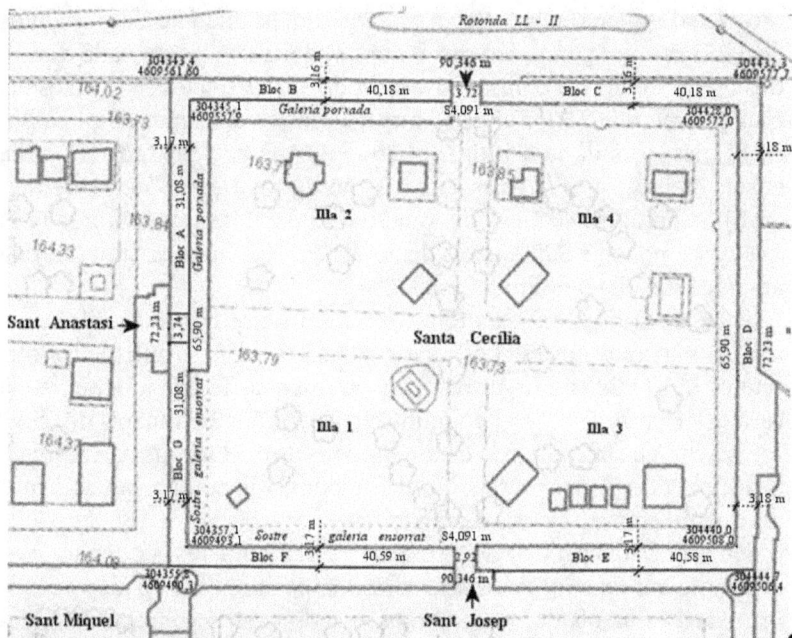

No serà gens sobrer, doncs, fer-ne tot seguit la descripció de les quatre parets o costats d'aquest polígon tetragonal:

23

Paret exterior (**B+C**). Afronta amb la *rotonda* de la carretera nacional *LL-II*, amb una longitud exterior total de *90,346* metres i interior de *40,18 m* en façana de nínxols porxada *B* i també dels mateixos *40,18 m* en façana *C* no porxada, restant en l'entremig d'ambdues una porta central de *3,72 m* amb enreixat de ferro forjat i que no es fa servir, però que separa la part porticada (*B*) de la que no ho està (*C*). La diferència de longituds de *6,27 m* entre parets exterior i interior, dóna doncs l'amplada d'ambdós blocs laterals de nínxols *A* i *C*, respectivament de *3,16 m*, la qual es correspon, si fa no fa, a la suma del gruix del mur perimetral (*50 cm*) més el dels *junts* de fons estampats sobre el mateix dels envanets laterals de nínxol (*5 cm*), i més la fondària del nínxol (*2,60 m*). D'altra banda, els *40,18 m* de longitud de paret de façana porxada *B*, que corresponen a *215* nínxols disposats en *43* columnes, suposen una amplada mitjana per nínxol de *0,934 m*.

Paret oposada (**E+F**). Afronta exteriorment amb el recinte veí de *Sant Josep* i té una longitud total també de *90,346 m*, essent també dividida en dos trams, un de porxat (*F*), tot i que sense sostre, que fa *40,59 m* de llarg, i l'altre sense porxat (*E*) i de *40,58 m*, separats per una porta central de *2,92 m* que dóna accés al recinte contigu, els nínxols del qual també recolzen d'esquena en la mateixa *paret mestra*. La diferència de longituds de *6,255 m* entre parets exterior i interior, dóna doncs l'amplada d'ambdós blocs laterals *G* i *E*, respectivament de *3,17 m*, inclòs els gruixos del mur perimetral (*0,50 m*) i dels junts dels envanets laterals de nínxol (*5 cm*) i més la fondària del nínxol (*2,60 m*). A la part porxada (*F*) hi ha ensorrat el *sostre de la galeria*, si més no des de l'any *1996* (veure més avall). Alhora, els *40,59 m* de longitud de paret de façana porxada *F*, que corresponen a *220* nínxols disposats en *44* columnes, suposen una amplada mitjana per nínxol de *0,923 m*.

Paret de la dreta (**D**). És tota contínua i sense pòrtics, confrontant amb la part més nova del cementiri actual i amb la cruïlla de les carreteres *LL-II* i *240* a Borges Blanques-Tarragona. Té una longitud en la cara exterior de *72,23 m* i en la interior de façana de nínxols de *65,90 m*, és a dir, que la diferència de longituds és de *6,33 m*, que corresponen a la suma dels gruixos respectius dels blocs *C* i *E*, tant pel que fa a mur perimetral com a fondària de nínxol.

Paret de l'esquerra (**A+G**). Està partida per la meitat per donar accés al recinte veí de *Sant Anastasi*, obrat temps enrere per enderroc dels primers *20* nínxols de *Santa Cecília*, disposats en *4* columnes anul·lades, raó per la qual la numeració del bloc *A* comença ara, doncs, en el núm.21, tenint tota la resta de nínxols sota porxo, segons que sembla restaurat a l'igual que el del bloc *B* pels volts de *1986*, mentre que el bloc **G** pateix les mateixes patologies que el **F** abans descrit per manca també de sostre. El mur comú amb *Sant Anastasi* té una longitud en la cara exterior de *72,23 m*, mentre que la interior fa *65,90* m, o sigui que la diferència de longituds és de *6,33 m* i dóna, doncs, la suma de l'amplada d'ambdós blocs laterals **B** i **F**, de *3,165 m*, la qual es correspon, si fa no fa, a la suma del gruix del mur perimetral (*50 cm*) més el dels *junts* de fons estampats sobre el mateix dels envanets laterals de nínxol (*5 cm*) i més la fondària del nínxol (*2,60 m*). Excloses les 4 columnes de nínxols per obrir-hi la porta central d'accés, la longitud conjunta de les parets de façana dels nínxols **A** i **G** totalitza *62,16 m*, que per a 66 columnes de pisos corresponents a 330 nínxols suposa una amplada mitjana per nínxol de *0,942 m*.

Finalment cal destacar que els angles de confluència entre sí de les parets de façana dels nínxols dels blocs **A** i **B**, a l'igual que les dels **F** i **G**, no són en *escaire* o *angle recte*, sinó mitjançant sengles columnes de 5 nínxols disposades formant un angle obtús o sigui com de *xamfrà*.

Espai interior. Tota la planta quadrada del recinte està atravessada per dos carrers perpendiculars entre sí que comuniquen amb les portes exterior i interiors, delimitant *4 illes centrals enjardinades*, on s'hi troben tombes i panteons de més o menys caràcter monumental, essent les **1** i **2** assenyalades del plànol les compreses pròpiament dins l'àmbit conjunt d'afectació del decret de ruïna dels 4 blocs de nínxols pel fet de quasi envoltar-les, encara que no és previst cap demolició dels elements funeraris que hi ha en nombre de 4 panteons i 48 tombes, tot i que només tenen una antiguitat compresa entre els anys *1930* i *1976* i per tant molt més moderna que la dels quatre blocs de nínxols gairebé envoltants objecte de demolició, molt més antics (entre *1880-1907*) i sota galeries porxades amb riques arcades, capitells i entaulaments. La superfície de cadascuna de les illes **1** i **2** és de 28,00 x 36,60 m = 1.028,80 m^2.

Porta-arc entre pòrtics **G** i **A** d'accés a *Santa Cecília* des de *Sant Anastasi*.

Porta-arc d'accés a Santa Cecília. Aquesta porta de comunicació amb el pavelló de *Sant Anastasi* ostenta l'escut de la ciutat de Lleida al capdamunt, coronant la cornisa on hi recolza el fris o frontis davanter de la galeria porxada amb l'emblemàtica *flor de llis* al centre. Atès que l'obertura d'aquesta porta es va fer a costa de l'enderroc dels primers 20 nínxols del bloc *A* (entre uns 3,68 i 3,74 m d'obertura), així com la separació més ampla d'ambdós basaments i fusts de les dues pilastres que suporten l'arcada central (respectivament de *2,48 m* i *2,58 m*) respecte de les 22 restants (a *2,10 m* i *2,20 m*), es dedueix que la construcció de la *galeria porticada* tot i ser simultània amb la dels nínxols segons el propi projecte, de bon segur que devia d'anar quelcom més retardada, si més no, a la dels primers nínxols de *Santa Cecília*, ja que aquests són obrats entre 1880 i 1888, en canvi els primers del bloc *A* junt amb els últims del bloc *G* es varen aixecat en el període de 1895-1898.

1.10. ANTIGUITAT DELS NÍNXOLS PORTICATS A DEMOLIR

Entre els anys 1880-81 i juny de 1907 es van obrar els primers 765 nínxols disposats adjacents a les parets de façana de cada bloc, entre aquests frontis i els murs de tancament del recinte, cosa que suposa 153 columnes amb 5 nivells o files de nínxols col·locats en altura vertical, que es reparteixen entre quatre blocs massius designats amb les lletres *A* i *B* pel que fa als 385 més antics, executats entre 1880-81 i 1895, situats al costat esquerre del portal d'accés des del recinte de *Sant Anastasi*, i amb les lletres *F* i *G* tocant als 380 menys antics, obrats entre 1898 i 1907, però ubicats a la banda dreta de la porta d'entrada al conjunt.

Tots ells són els quatre únics blocs que disposen de galeria porticada frontal i cadascun dels nínxols que apleguen tenen assignat un número d'identificació correlatiu traçat de forma consecutiva sobre una curiosa plaqueta de material ceràmic o porcellana amb una cara vidriada, acreditant que en l'actualitat són els únics més antics en tot l'àmbit funerari, tal com figura en la taula de més avall d'acord amb l'inventari final dels obrats. Segons l'*art. 12è* del patró seguit el 1887 per obrar els nínxols de *Santa Cecília*, es prohibia que hom n'arranqués la plaqueta d'identificació, així com que sota cap pretext s'alteressin les arestes i envanets laterals d'obertura dels nínxols amb el propòsit de reforçar les armadures per a vidrieres, tot evitant que aquestes sobresurtin més del compte del pla de façana subjectant-les interiorment i no tolerant fixar-ne o acoblar-hi claus o altres objectes que puguin malmetre l'arrebossat de la paret.

Plaqueta de porcellana vidriada amb núm. d'identificació

A més, a tall d'exemple, mostrem la imatge frontal d'un dels nínxols primigenis del recinte, datat a finals de l'any 1881, corresponent a la inhumació del cos difunt als 40 anys del mestre d'obres lleidatà Ramon Serratosa i Millàs, constructor el 1862 de l'oratori de l'*Acadèmia Mariana* de Lleida i ensems autor el 1876 de la nova planta de l'*Església de la Sang* amb el *teginat* que decora el sostre de la nau central. Una llosa o làpida de marbre negre clou aquest sepulcre i conté incisa amb lletres blanques en relleu sobreposades la inscripció del nom de qui se'n commemora el dol amb la data de defunció. Destaquen la porta ben conservada del nínxol pel que fa a bastiment o marc de ferro collat a la paret, frontisses i fulla batent també de ferro i vidriada. Segons ordenava l'*art.11è* del suara referit patró per obrar de 1887, només eren permeses les inscripcions sobre làpides de marbre, ferro fos i pintat a l'oli, pedra dura, jaspi, pòrfir o qualsevol altre material idoni a judici de la comissió funerària.

Frontis del nínxol **228** en **3ª** fila del bloc **B**   Títol d'inhumació entre *1880* i *1907*

Any per ordre	Núm. d'obrats	Núm. de nínxol	Bloc
1880-1881	65	171 a 235	A-B
1883	70	236 a 305	B
1886	30	306 a 335	B
1887	30	336 a 365	B
1888	40	366 a 405	B
Total	235	171 a 405	A-B
1891	55	116 a 171	A
1894	40	76 a 115	A
1895	55	21 a 75	A
Total	150	21 a 171	A
1898	50	1486 a 1535	G
1899	110	1376 a 1486	G
Total	160	1376 a 1535	G
1902	45	1331 a 1375	F
1903	40	1291 a 1330	F
1904	40	1251 a 1291	F
1906	50	1201 a 1251	F
1907	50	1151 a 1201	F
Total	225	1151 a 1375	F
Total A-B	385	21 a 405	A-B
Total F-G	380	1151 a 1486	F-G

Pot sorprendre que el bloc *A* comenci amb el número 21, però és que l'apertura de la porta d'accés al recinte des del recinte contigu de *Sant Anastasi*, es va fer a costa de suprimir les 4 primeres columnes de nínxols, convenientment traslladades amb la mateixa numeració que tenien més l'apel·latiu *bis* afegit per encapçalar el bloc *C* ja sense galeria coberta. Igualment, el bloc *F* ara comença amb el nínxol núm. 1.151 de *Francesc Costa i Saus*, pel fet d'haver enderrocat una columna de 5 nínxols a la fi d'obrir la porta per donar accés al recinte veí de *Sant Josep*.

Actualment, i després de l'enderroc de les parets de nínxols del pavelló contigu de *Sant Anastasi* entre els anys 2006 i 2014, al qual hi farem referència més endavant, els blocs de nínxols porxats *B* i part de l'*A* del recinte de *Santa Cecília*, són els únics que ostenten els valors històrics més antics en tot l'àmbit funerari de Lleida per haver estat obrats primerencs en nombre de 235 entre els anys 1880-81 i 1888, tan bon punt començaren a aixecar-se sobre els 6.525 m^2 de terreny rústic cedit per

Enric d'Hostalric, baró de Casa Fleix, per tal d'eixamplar el primitiu cementiri establert sobre la finca de *'lo Garrut'*. La resta de 150 nínxols de la paret **A**, foren obrats entre 1891 i 1895 i pel que fa als 380 nínxols de les parets **F** i **G** ja hem deixat dit que varen construir-se més tardanament, entre 1898 i 1907.

Ortofoto aèria del *2015* del conjunt porticat de *Santa Cecília* a demolir

1.11. UBICACIÓ TEMPORAL I VALOR HISTÒRIC

No bstant l'anterior, no es va començar a inhumar cadàvers fins al dia 17 de març de 1868, havent excavat 18 rases en el sòl fins a la data de 27 de març de 1879, en què començaren les inhumacions, a més a més, en els ninxols obrats a partir de 1880. Ara bé, el nou cementiri permeté d'afrontar els enterraments derivats de la gran crisi de mortalitat que patí Lleida en la segona meitat del segle XIX amb la pesta de *còlera morbo* de l'any 1885 i les seqüeles d'anys posteriors, que malgrat no sortir reflectida en cap cens, marcaren una decisiva regressió demogràfica de la ciutat durant els 24 anys que s'escolaren entre 1877 i 1900, és a dir, des de sis anys després de l'enderroc de les muralles fins al començament del segle XX, amb un esquifit guany en termes absoluts censals de 1.063 ciutadans, que venien a representar un ínfim 4,9 % sobre la població mitjana de tan llarg període de temps, xifrada en 21.709 habitants, havent perdut el *quart lloc* en el rànquing de les ciutats catalanes més poblades, fita que s'havia guanyat gràcies a corregidors il·lustrats com *Blondel* (1786-†1794) per quedar ara només en *sisé lloc* i amb un creixement lent i molt pobre, força allunyat de l'accelerat d'altres nuclis urbans catalans de l'època, com ara Sabadell, que li va prendre el relleu en la jerarquia urbana del Principat.

Estancament demogràfic absolut que patirà la ciutat coincidint amb la crisi finisecular, tot i que fou una època curta de 1885 a 1910, però decisiva. Si durant els vuit anys a partir de 1877 el nombre de defuncions fou d'una mitjana anual de 775 i el 47,7 % de les quals corresponien a adults i la resta a pàrvuls, a l'esclatà l'epidèmia de còlera morbo es va més que doblar la taxa de mortalitat en passar d'una mitjana anterior del 35,8 per mil a una altra del 69,96 per mil, que afectà amb major intensitat els adults per sobre del 53,4 %, tot i que esgarrifen les xifres absolutes de víctimes en un sol any: 413 homes adults, 442 dones i 746 infants, és a dir el 7 per cent del cens poblacional, per bé que amb major virulència concentrada en els mesos d'agost i setembre d'aquest fatídic any de 1885, que aplegaren entre el 46 % del total de les víctimes infantils, el 57% dels difunts adults mascles i el 74 % de les femelles. El cas és que en els 24 anys que s'escolaren entre de 1885 a 1910 van deixar d'existir 18.929 ànimes, quasi tantes com els 20.369 ciutadans inicials del recompte censal de 1877, de forma que pel 1900 la població era encara de tan sols 21.432 habitants.

Abans, però, hi hagué a Lleida una altra epidèmia de còlera asiàtic l'any 1865, que tanmateix no afectà massa la població ciutadana ni la dels pobles de la rodalia, llevat d'Aitona.

Mortalitat anual i taxes d'enterraments

Període d'anys	Núm. d'anys	Mitjana habitants	Taxa ‰ mortalitat	Defuncions per any	Defuncions totals
1858-1900	42	20.530	34,71	713	29.946
1900-1995	95	66.734	16,00	1.068	101.460
1995-2015	20	125.090	8,26	1.033	20.660
	157	**61.808**	**15,67**	**968,6**	**152.066**

* Mitjanes de població de la taula anterior: de 19.627 a 21.432 hab. en el període 1858-1900 / de 21.432 a 112.036 hab. en el 1900-1995 / i de 112.036 a138.144 hab en el 1995-2015.

El nombre de defuncions resultants és el doble de la xifra que diuen que hi ha enterrats al cementiri lleidatà: 78.000 cossos des de 1812 sobre un total estimat de gairebé 16.561 o 20.000 nínxols, per bé que en la segona meitat del segle XIX i potser començos del XX encara es feren molts enterraments en fossars, a banda també de les víctimes de bombardeigs, del front bèl·lic i d'afusellats represaliats en la guerra i postguerra civil. Si la xifra de 78.000 cossos fos la més versemblant, això representaria una mitjana compresa entre uns 4,7 o 3,9 inhumacions per nínxol, que no sembla pas excessiva per a un període de 157 anys amb rotacions generacionals cada 25 anys posem per cas.

1.12. PLEC DE CONDICIONS FACULTATIVES

Traducció al català de l'original en castellà de data 2 de gener de 1882, signat per Ramon Portusach, arquitecte, i amb aclariments afegits de terminologia, toponímia i definicions entre parèntesi i lletra cursiva. L'articulat exposa les condicions sota les quals haurà d'executar-se la construcció de cent-vint nínxols en el cementiri general de la ciutat de Lleida, així com la corresponent galeria porticada, d'acord amb el plànol a escala 1/50 que s'adjunta, al model que hi ha construït i al present plec de condicions, segons dictamina en el seu *art.1r*.

Tanmateix, omitim d'aquest articulat aquells epígrafs o capítols que no facin referència explícita a la descripció de les caraterístiques pròpies i singulars de l'obra arquitectònica projectada o que habitualment es donen per sobreentès, com la qualitat dels materials a emprar, la natura dels elements auxiliars per a la construcció o el nomenament de vigilant de nit.

Art.5è. La fonamentació tindrà pel cap baix dos metres de profunditat amb els amples que a continuació s'expressen: els del pilars de la galeria un metre quadrat i el dels envanets (*muretes*) de separació dels nínxols *quaranta centímetres*. Si el Director de l'obra considera necessari augmentar aquestes dimensions de manera que resultés un excés en la totalitat de l'obra, s'abonarà al contractista nou pessetes per cada metre cúbic d'excés.

Art.6è. Els fonaments seran de maçoneria unida amb bon morter de cal i sorra composta de dues parts de cal en pasta i tres d'arena. Es construiran per filades falcant i *enripiando* (taponar amb pedres petites un forat o en la maçoneria per al bon assentament) els maons a la fi que l'obra resulti amb totes les condicions de solidesa.

Art.7è. Es construiran de carreus els pilars i arcs de la galeria, la cornisa i l'*albardilla* o coronament de l'ampit superior així com el vessant que es col·locarà entre els pilars, tindrà pel cap baix vint-i-cinc centímetres

31

d'alçada. La pedra que s'empri serà calcària procedent de les pedreres de l'Astó o Astor (*partida despoblada del terme de Lleida al sud de Vinatesa*), de gra fi homogeni i compacte, i sense *coquera* (o foradet de curta extensió en la massa de pedra), taques ni cap defecte que pugui minvar la seva resistència ni presentar mal aspecte. Es llavorarà de fi i d'acord amb les dimensions i detalls que es donaran pel Director quedant absolutament prohibit substituir amb peces supletòries les falles, trencadisses o defectes que per mala qualitat de la pedra o poca intel·ligència dels operaris o per altra causa qualsevol pugui ocasionar-se en les peces durant el llavorat o després de col·locades i acabada l'obra, havent-se de substituir amb peces noves les que resultin sense la deguda perfecció al efectuar-se la recepció definitiva.

*Art.*8è. Els envanets de separació dels nínxols seran de maó de quinze centímetres de gruix cuidant de que es corresponguin totes les filades a un mateix nivell, a l'efecte de la qual cosa es col·locaran reglons (*regle gran i gruixut emprat pels paletes com a guia per a fer planes les parets, fer llisos els enrajolats, etc.*) degudament dividits i aplomats per a subjectar les cordes que han de marcar els nivells successius. Igual precaució s'observarà per a fixar les arestes inferiors dels nínxols, que alhora han de quedar perfectament a nivell i totes les seves embocadures d'igual forma i dimensions. Les *voltes* seran dobles emprant rajoles senceres i reomplint-se cuidadosament els carcanyols (*senos*) i la solera serà de rajoles (*baldosas*) quadrades de vint centímetres de costat.

*Art.*9è. Els carcanyols (*enjutas: espais buits entre l'extradós d'un arc i l'horitzontal tangent al seu punt més alt.*) dels arcs de la galeria es construiran de maó fi premsat al descobert cuidant que les *llagas* (junt entre dos maons d'una mateixa filada) es trobin repartides simètricament respecte a l'eix de cada pilar i degudament igual separades i que les *llences* o cordills tensos (*tendeles: cordills que hom posa tibants entre dos punts perquè serveixi de referència en pujar parets amb igualtat de nivell entre filades*) es trobin respectivament al mateix nivell.

*Art.*10è. La fusta que s'emprarà en la teulada a més de reunir les bones condicions de classe (*qualitat*) que s'exigeixen a tots els materials, tindran les dimensions convenients i les unions (*ensambladuras o unions d'elements estructurals*) s'executaran segons les regles de l'art, col·locant-se *gafes* o *gatillos* (*peça de ferro o fusta per a travar*) sempre i quan ho estimi convenient el Director de l'obra.

*Art.*11è. La teulada es cobrirà amb teula comuna i hauran d'entrar-hi pel cap baix trenta teules per cada metre superficial, assentant-se aquestes amb barreja de cal i arena. La canal que es forma a la part baixa es cobrirà amb planxa de zinc amb els seus corresponents desguassos o canalons a l'exterior (*gàrgoles* o canals sortints a distància de la paret per on vessa l'aigua de pluja). El teulat en la paret actual es canviarà de vessant.

Art.12è. La solera de la galeria es farà de rajoles conegudes amb el nom de *'quadrats'* assentades amb mescla i disposant-se dos encintats, que segueixin respectivament la línia dels nínxols i els pilars de la galeria. La resta de rajoles es col·locarà diagonalment o sigui amb una inclinació de quaranta-cinc graus respecte d'aquelles.

Art.13è. Al sostre de la galeria que serà horitzontal s'hi col·locarà un cel ras que acabarà per ambdós costats en una *escacia* (?) el perfil de la qual serà igual al construït.

Art.14è. Les parets de la volta (de *maó de pla*) dels nínxols s'arrebossaran interiorment i els seus frontis, a més d'aquests enlluïts, s'emblanquinaran (*donar una capa de cal o guix diluïts en aigua*). Finalment emblanquinaran les *embocadures* fins a una distància de quaranta centímetres: el cel ras i la part interior del mur de la galeria que quedarà per sobre dels arcs.

Art.15è. En la part superior de cada nínxol s'hi col·locarà el seu corresponent número de correlació gravat sobre una planxa de porcellana de la forma i dimensions iguals a les ja construïdes.

Art.16è. Si després d'efectuat el replanteig resultessin les galeries, nínxols i demés membres de l'obra de majors dimensions que les que s'assenyalen en el plànol adjunt, no tindrà el contractista dret a l'abonament de cap gènere subjentant-se en tot a les dimensions, plantilles, detalls i instruccions que se li donaran per l'Arquitecte Director de l'obra.

Art.19è. L'obra haurà de lliurar-se completament acabada i en estat de rebut en el termini de tres mesos a comptar del dia de l'aprovació de la subhasta, efectuant-se aleshores la recepció provisional.

Art.20è. La recepció definitiva s'efectuarà sis mesos després de la provisional dins del qual període en serà el contractista responsable i per tant obligat a la reparació parcial o total dels desperfectes que s'hagin ocasionat en l'obra.

1.13. PLÀNOLS ANNEXOS AL PROJECTE D'OBRA

El projecte d'obra de Portusach incloïa el següent plànol explicatiu signat i datat per ell en text manuscrit (2 gener 1882), on hi representa a escala l'alçat de la façana porticada d'un tram o fragment de *galeria*, amb representació gràfica de *pilastres* i basaments respectius, *arcades, cornisa* i *entaulament* superior, amb un tall terminal del qual es desprèn que va preveure d'executar una coberta amb un únic vessant inclinat de teulada fins a nivell de cornisa i que el nombre de nivells o pisos en vertical comprenia cinc nínxols.

Per dessota del mateix plànol es representa també a escala 1/50 la planta de l'obra amb el dibuix del mur perimetral de tancament del recinte on hi recolzen de cul o esquena els fons dels nínxols, després la disposició contínua i successiva d'aquests deixant una ampla galeria porxada davant les façanes i, finalment, la tirallonga de basaments de *pilastres*.

1.14. RESTAURACIÓ DE TEULADES, PERÒ NO ESFONDRAMENT

Tanmateix, cal advertir que contràriament al dibuix del plànol de l'alçat en l'actualitat els blocs més antics *A* i *B* tenen una teulada a *'dues aigües'*: una cobrint el bloc de nínxols i l'altra la galeria porticada frontal, amb el *carener* o vèrtex comú d'ambdues en la vertical de la façana vista dels nínxols, com es mostra en la visió frontal i de costat de la foto següent de l'extrem o secció terminal del bloc *B*, tallat amb la finalitat d'obrir-hi una altra porta d'accés, avui inutilitzada, que dóna pas a la rotonda en la cruïlla de les carreteres nacionals *N-II* a Barcelona i *N-240* a Tarragona.

D'altra banda, tall que devia ser contemporani del d'obertura de l'accés per *Sant Anastasi*, ja que la columna corresponent als nínxols núms. 406-410 es va traslladar al bloc *C* sense pòrtic, situant-lo a continuació de les quatre primeres columnes extretes del bloc *A* també per a llur tracció i reubicació. La foto mostra també les característiques de la nova teulada, amb carener, teules en bon estat, canalera de desguàs pluvial, forjat de cel ras, i la darrera columna de cinc nivells del bloc **B** i, a la dreta, part de la porta exterior de ferro que dóna a la rotonda i que no es fa servir.

Secció o tall terminal del *bloc **B*** per a obrir nova porta

A més, la reforma i canvi de teulades es fa evident avui en la pròpia observació de les canaleres (*gàrgoles*) o canonades de desguàs sobresortints per on vessen a distància de les parets exteriors dels pòrtics les aigües pluvials caigudes sobre els blocs A i B, que tenen sostre, teulada i cel ras de galeria restaurats, ja que les aigües pluvials ara recollides i canalitzades a l'extrem inferior dels plans inclinats de cada vessant són vehiculades per ser abocades a l'exterior per damunt de l'alçada de la cornisa i, en canvi, les gàrgoles dels blocs F i G amb una restauració inacabada i per tant sense sostre de galeria ni el vessant corresponent de teulada, ho fan una mica més avall, per sota de la cornisa, la qual cosa no té cap sentit perquè avui manquen de la teulada primigènia i aquests abocaments irregulars són, doncs, tan sols un vestigi inútil de quan la tenien, per bé que amb un sol i únic vessant, la qual cosa ens reafirma en la versemblança de la nostra proposició del canvi de teulades experimentat en un moment ocasional i oportú imprecís i que suposà una modificació del que al respecte s'hi havia executat segons el plec de Portusach.

Gàrgola *supracornisa* del bloc *A*

Gàrgola *subcornisa* del bloc *G*

Gàrgoles sota i sobre cornisa damunt la porta d'accés des de *St.Anastasi*

En conseqüència no es pot pas parlar d'esfondrament d'un dels dos vessants de teulada a *dues aigües* en cadascun dels blocs *F* i *G* com sol atribuir-se degut a intencionades i hipotètiques patologies per antiguitat, precisament sobre els dos blocs d'entre 9 i 12 anys més moderns de construcció que els antics *A* i *B*, sinó que la causa primordial fou la negligència en el manteniment seguida de la vergonyant suspensió d'una restauració iniciada i que només tingué efecte sobre el parell de blocs més antics, com es pot veure comparativament en la foto aèria del 2015 i en les anteriors en blanc i negre pel cap baix datables als anys 1986 i 1996, respectivament reproduïdes a l'esquerre i la dreta del gràfic següent.

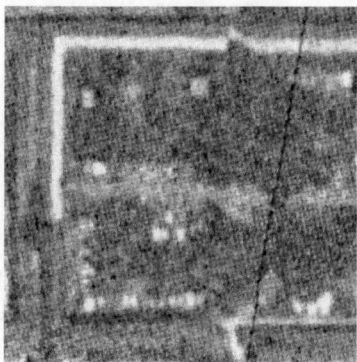

Ortofoto aèria de *1986*   Ortofoto aèria de *1996*

Doncs bé, la imatge de l'esquerre fa pensar que a l'any 1986, o potser abans, ja s'havia arranjat o era encara en obres la restauració del vessant de teulada i forjat de sostre sobre la galeria porticada dels blocs *A* i *B*, fins i tot amb la col·locació de les canonades de desguàs amb la sortida exterior d'abocament a l'alçada per sobre de la cornisa i/o una canalera que recollís les aigües pluvials, tal com s'ha mostrat gràficament abans i ara en la següent secció transversal a l'extrem terminal del bloc *B*, a la cantonada mateix de la nova porta de ferro exterior d'accés a la rotonda vial.

Però per altra part, la imatge de la dreta, ortofoto encara també en blanc-i-negre, curiosament és la que encapçala l'informe pericial de la Paeria de 2016 i en ella ja s'hi oberven les dues galeries *F* i *G* sense teulada, així com l'esvoranc en el vessant de coberta dels nínxols del bloc *F* més propers a la nova porta oberta per donar accés al pavelló contigu de *Sant Josep* quan el mateix fou construït o potser quelcom més tard. Bé, hi mostren en l'informe al·ludit la foto, però res no diuen que sigui de l'any 1996 i vergonya d'ensenyar uns forats que durant 23 o més anys no s'han reparat i que ara són part de l'argumentari per a la fal·làcia d'una declaració de 'ruïna parcial'.

1.15. DANYS COL·LATERALS EN GALERIES SENSE SOSTRE

En les dues ortofotos aèries següents de l'any 2015 es posa en evidència el contrast entre l'estat de conservació dels vessants de teulada dels nínxols i galeries dels blocs *A* i *B* per haver estat restaurats en data probable del 1986 i amb poquíssims i minsos esvorancs de nul·la entitat, en comparació amb l'inacabat i més danyat d'ambdós blocs *F* i *G* sense teulada ni sostre per cobertar les galeries i amb alguns solts i aïllats esvorancs, forats o buits assenyalats mitjançant sagetes en *vermell,* produïts en els respectius vessants inclinats de la teulada sobre els blocs massius de nínxols, l'origen dels quals rau en haver-se'n després un tros per infiltracions pluvials a manca de prou impermeabilització, i tal vegada podrien haver afectat la columna de nínxols corresponent pel que fa a les voltes de cobertura dels pisos superiors actuant en funció de forjat de pis, com sembla ser el cas de l'esvoranc vertical columnar en l'encreuament dels tres recintes dedicats als sants *Anastasi, Josep* i *Cecília,* i que no és cap descoberta nova, atès que ja es podia observar en ortofotos d'un vol del 2009 i amb el rètol de 'ruïnes' grafiat en els propis mapes topogràfics de l'Institut Cartogràfic i Geològic de Catalunya, i no seria estrany que el dany també afectés la teulada del seu costat pertanyent ja al recinte contigu de *Sant Josep.*

Vessants de teulada dels blocs *A* i *B*   Vessants de teulada dels blocs *F* i *G*

Aquesta visió assenyala per tant els indrets febles que haurien de ser objecte d'inspecció i comprovació no sols aquí, sinó també per tractar-se d'una patologia que descobrireu astorats estesa a les teulades de molts altres departaments del mateix cementiri, i en concret amb estat molt més precari i extensament ruinós en els vessants de coberta dels tres recintes arrenglerats al llarg del carrer Almeria sota l'advocació dels sants *Miquel*, *Maria* i *Jordi*, santoral que res hi ha pogut fer davant la descurança, desídia, incúria, abandó i neciesa humanes i massa sovint també administratives.

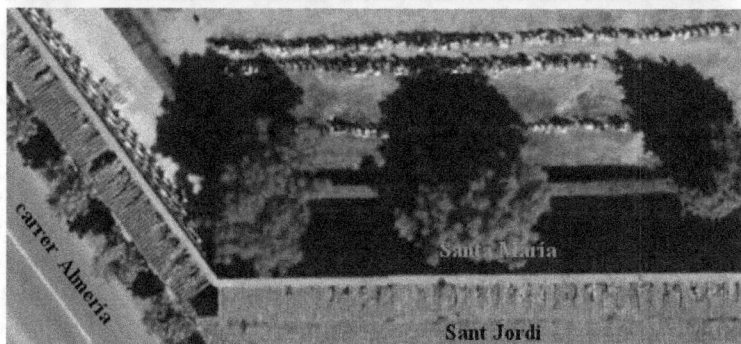

Aturem-nos ara un moment, doncs, per fer una digressió a l'entorn del que suposà la manifesta suspensió d'execució d'obra pel que fa a que la galeria porxada restés en ambdós blocs *F* i *G* sense la deguda protecció d'un sostre de *cel ras*, si més no des de 1996, quedant durant tot aquest temps les *pilastres* que aguanten les arcades de galeria d'ambdós respectius blocs amb una única sustentació mitjançant una inacabada restauració reduïda, tal vegada provisionalment, a uns suports de biguetes metàl·liques de secció en doble T, disposades horitzontalment amb els dos extrems recolzats i encastats convenientment: un al capdamunt de la paret de façana dels nínxols amb una peça de reforç triangular en format de *cartabó*, i l'altre directament al fris dels pòrtics, tot plegat en evitació d'un eventual desplomament de la sèrie de *pilastres* i *arcades*, que sortosament encara resten dempeus (menys a l'extrem terminal de la galeria *F*), malgrat fer tant de temps i el risc d'enguerximent dels perfils d'acer col·locats, i amb el resultat final d'ésser ambdós blocs *F* i *G* els més danyats per la intempèrie constant en els arrebossats de façanes de nínxols i paviment de galeria, atesa la manca de coberta protectora, ni que fos temporal amb peces de llenç de fibra tèxtil o de *PVC*, i malgrat ser ambdós blocs menys antics que els *A* i *B* en haver estat construïts a començos del segle xx, entre 1898 i 1907.

Galeria porxada dels blocs *F* i *G*, sense sostre i paviment esmicolat amb vegetació aflorant espontània, tot i que amb *arcades* i *pilastres* dempeus i en bon estat de conservació.

En la foto de l'esquerra de l'any 2010 corresponent a la galeria porxada interior sense sostre del bloc *F*, s'hi observen unes *pilastres* i *arcades* en bon estat i, en canvi, un deteriorament gairebé total de les superfícies de façana o cara exterior i visible dels murs verticals de *façana de nínxols* en haver-se desprès els arrebossats en capa d'argamassa o morter, més algunes escadusseres esquerdes no estructurals. I alhora mostra un *paviment* malmès i fet miques amb vegetació natural aflorant espontània, que el fan gairebé intransitable per unes peces trencades de rajola anomenada '*quadrat*' de 20x20 cm.

Endemés, a l'extrem terminal de la galeria d'aquest mateix bloc *F* de nínxols, sembla faltar-hi l'útima pilastre, tal vegada per desplomament o més aviat per enderroc voluntari a la fi de donar pas vers la porta obrada d'accés al pavelló veí de *Sant Josep*.

Pel que fa a la foto de la dreta, corresponent al bloc *G*, també del mateix any i amb galeria porxada sense sostre, tant *arcades* com *pilastres* tenen un bon estat de conservació, però les patologies en arrebossats de façanes i esmicolat de paviments són semblants a les suara descrites del bloc *F*, amb el xocant esdeveniment que just en el punt on s'acaba el cel ras del bloc *A*, un cop passada la *porta-arc* d'accés, i d'altra banda acaba el bloc *G* sense teulada ni cel ras, hi ha brostat una branqueta novella de figuera.

Brot brostat de *figuera*

Cel ras restaurat de la galeria del bloc *A*

1.16. NÍNXOLS DE *VOLTA CATALANA*

Els nínxols es varen bastir en la tradicional tècnica constructiva catalana, típica de la tradició mediterrània i ara també en tràmit de declaració com a Patrimoni Universal de la Humanitat, basada en la coneguda com a *'volta catalana rebaixada de maó de pla'*. Tècnica consistent a cobrir l'espai mitjançant una volta o estructura arquitectònica amb una simple curvatura d'angle rebaixat, emprant només materials de terra cuita, com el *maó de pla* o *rajola prima,* és a dir, peces ceràmiques de forma prismàtica i de poc gruix de cantell (rajola o rajol), sovint de secció rectangular, posades de cantell i lligades amb un aglomerant d'argamassa o morter, col·locant-les *'de pla'*, o sigui a la vista per la cara plana i de superfície més gran constituïda pel costat llarg i ampla (dit *través*) del maó, que per a cobrir espais no massa amples, com és el cas entre les dues parets laterals d'un nínxol, feia possible construir l'anomenat *'arc rebaixat'* amb una certa rapidesa sense haver d'usar *cintra* o bastiment de fusta (*cimbra*), per donar la curvatura adequada ja que normalment la volta està formada per arcs successius, és a dir, per dues capes o fulls de rajola o maó prim superposades, com és el cas que ens ocupa, o bé de tres, tot fent en la primera la unió d'una peça amb l'altra amb guix o ciment natural ràpid (en cas d'ambient humit), que revé, adorm o lliga *tot d'una* perquè el guix té un adormiment (*fraguado*) tan ràpid que permet fixar dues peces una de costat amb l'altra en poc temps i tot fent que s'aguantin entre elles, formant així un primer arc basal que fa innecessari l'ús de la *cintra* o de qualsevol tipus d'estructura de suport de fusta. Ara bé, no cal mullar la rajola en excés en fer el primer full basal per tal de no augmentar el seu pes i permetre que actui com a *'autoportant'* dels altres fulls superposats en l'operació anomenada de *'doblat'*, que s'ha d'anar executant a mesura que avança el primer full.

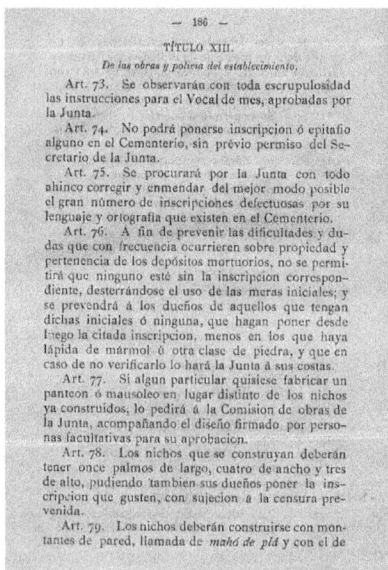

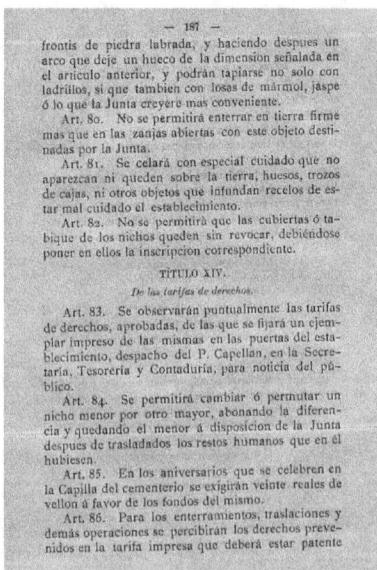

Articulat de l'article XIII sobre obres i policia del 'Tratado de Cementerios'

Per tant, i amb absoluta concordança amb el que prescrivia l'article 79 del títol XIII del reglament aleshores vigent sobre les obres i policia dels establiments mortuoris de la *Junta Administrativa del Cementerio General de Barcelona* (vegeu el *'Tratado de Cementerios'*, en edició publicada a Lleida el 1887 per la Tipografia Mariana), el qual imposava com a deure obligat que els nínxols '...*deberán construirse con montantes de pared, llamada de* mahó de plá *y con el de frontis de piedra labrada, y haciendo después un* arco *que deje un hueco de la dimensión señalada en el artículo anterior*' (78)…, es van emprar *revoltons*, o sia *voltes* de poca llum en forma de petita volta ceràmica i *molt rebaixada*, que treballa a compressió i, en conseqüència, es pot fer de qualsevol material, i en aquest cas amb maons i amb la mateixa tècnica que la *volta a la catalana*, en què les rajoles de poc gruix són *col·locades de pla*, tocant-se unes amb les altres a través del cantell, recolzades sobre els dos envanets laterals contigus d'obra ceràmica, anant de l'un fins a l'altre.

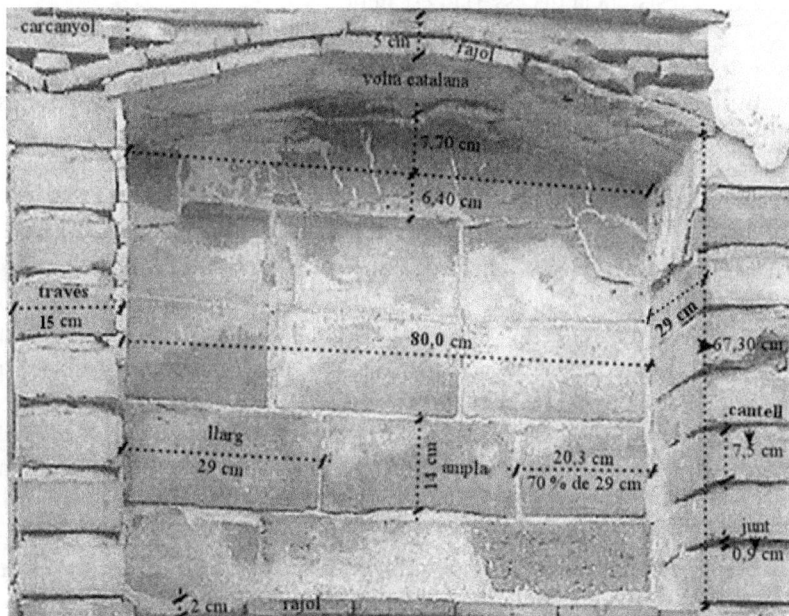

I, a més, utilitzant la volta no només com a *trespol* o sostre del nínxol, ans també com a element estructural de formació del '*forjat*' o paviment de pis o nivell un cop fet horitzontal l'*extradós* o part de sobre de la volta mitjançant el rebliment amb material lleuger, de morter o de reblum petri o ceràmic, dels *carcanyols* o zones buides que romanen a ambdós costats de la volta, compreses entre l'*extradós* de l'arc i l'horitzontal tangent al punt més alt de la corba, i que pel seu poc pes permeten utilitzar la volta també com a '*forjat*' de pis i aixecar-ne una *columna de cinc nínxols*, tot formant el conjunt de columnes, doncs, una estructura sòlida, estable i consolidada en forma de blocs de nínxols obrats amb parets massives i compactes de *maçoneria*, que no pas de *tova* (mena de maó fet amb argila o amb fang, sovint pastat amb palla, que és assecat al sol), com han pretès d'argumentar els tècnics municipals que, com veurem, donaren peu a l'inici del malèvol expedient de 'ruïna parcial' de la Paeria de gener de 2017.

El travat de les peces de l'enrajolat s'aconsegueix amb el 'doblat', ja que llavors només cal posar-les a *trencajunts*, és a dir, de manera que no hi hagi coincidència en els junts de costat d'entre dos rajols en ambdós fulls o filades consecutives. I per fer el *doblat* i les altres capes successives, caldrà també mullar generosament les rajoles i col·locar-les amb morter de ciment natural ràpid o amb morter de calç hidràulica, a la fi de donar-los-hi la resistència necessària i escaient.

I ara la imatge d'un *n*ínxol-tipus *tapiat* amb el núm. *408* de *Santa Cecília,* aixecat l'any 1888 amb *volta catalana* de dues capes de *rajola* i murs laterals de càrrega de *maó* de 29x15 cm, amb expressió de les cotes que fan referència a les dimensions dels elements integrants.

1.17. VALOR ARQUITECTÒNIC DE LA VOLTA REBAIXADA

A la ciutat de Mataró hi funciona una escola del *Gremi de Constructors de Mataró i Maresme*, sota la presidència de Joan Jordán, on formen arquitectes i paletes en la técnica de la *volta catalana* tradicional en la construcció mediterrània ja des del segle XI, havent-se impartit cursos a través de professionals en bioconstrucció de l'*Escola Origens*. Els assistents que hi participen en els cursos es sorprenen de la baixa inversió que cal per bastir una estructura amb volta catalana, tot lamentant que aquesta tècnica caigués en l'oblit a partir de 1967 amb l'aparició del formigó, material més econòmic, però de menys durada.

Sistema ancestral, doncs, que s'associa a la *bioconstrucció* perquè és de baix cost, que no dilapida recursos naturals, atès que la temperatura que cal per al *ciment ràpid* i el *guix* és més baixa que l'emprada per a produir ciment 'porland' o l'argila, un material habitual per a la fabricació de totxos.

A més, un tipus de construcció que permet avançar de pressa molts metres sense usar *acer* ni *formigó*, ja que es van col·locant les peces ceràmiques de *rajols* deixant a la vista la part plana i unint-los amb guix i ciment ràpid de morter, materials ambdós d'adormiment ràpid, atès que al cap de deu segons ja aguanta. El més important en la consolidació de la volta, per bé que sobretot només quan s'han de cobrir grans llums, és la fortalesa dels laterals, ja que si un es mou, tot el conjunt es desploma. Per tant, contràriament al que esdevé amb els sistemes reticulars o de bigues unidireccionals, en la volta rebaixada no cal instal·lar pilars de suport.

Amb tot, la generalització de les modernes tècniques i materials de construcció, primer del ferro i ara del formigó armat i pretesat, han fet perdre el paper preeminent que havia ostentat la *volta catalana,* tot i que ara hi ha un corrent mundial de reintroducció i qualificació com a *'patrimoni universal'.*

En definitiva, tècnica constructiva senzilla, ràpida d'executar, lleugera, econòmica, segura, versàtil, adaptable i de mínima secció, que no utilitza ni ferros, ni forjats per a formigó, i la trobem tant en la construcció *popular* com en la *monumental,* ampliament utilitzada arreu des de fa sis segles, perquè no cal *cintra* (cimbra o bastida de fusta per a construir una volta), emprada ja en el segle xiv (ja que significà una revolució respecte la volta de pedra) i usada en la formació de sostres, cobertes, escales, nínxols, etc., tant en palaus medievals com en les cases nobles barcelonines de l'*Eixample* dissenyat per Ildefons Cerdà durant les beceroles de l'arquitectura industrial del segle xix, i a la cort de Madrid en el xviii, i que també fan seva arquitectes tan famosos com Antoni Gaudí (amb les originals hiperbòliques), el modernisme de Domènech i Montaner, o de Josep Lluís Sert qui la va transmetre al mestre Le Corbusier, tècnica que ells van utilitzar a partir dels anys quaranta del segle xx. També l'arquitecte valencià Rafael Guastavino (1842-†1908) fou el gran difusor de la *volta paredada de maó pla* als Estats Units especialment, on hi va construir 360 edificis a Nova York, un centenar a Boston i altres a Baltimore, Washington o Filadelfia.

I si després de llegir tot això us queda algun dubte o no en teniu encara prou, i voleu cercar un aval històric sobre el valor arquitectònic d'una volta catalana o de pla que la Paeria lleidatana s'entossudeix en enderrocar, aneu a la Crònica del rei Pere el Cerimoniós, promotor de l'arquitectura i de les obres públiques durant el seu llarg regnat (1336-†1387), que també aplicà la volta de maó pla en la restauració i reforma del Palau Reial de València sobre el que havia estat una almúnia musulmana, i n'explicava per carta datada l'any 1382 adreçada a un alt càrrec de Saragossa súbdit seu els avantatges d'aquesta tècnica de rajola i guix, havent-li demanat que faci venir un dels millors mestres d'obres perquè n'aprengui la tècnica. Malauradament el palau fou enderrocat per l'exèrcit espanyol el 1810 durant la guerra del Francès i ara es troba en període de recuperació de les seves runes.

1.18. DIMENSIONAT DELS NÍNXOLS

Quan varen començar a obrar els nínxols de Santa Cecília l'any 1880-81 òbviament no podien aplicar les normes decretades un centenar llarg d'anys després en virtut de l'article 48.1 del capítol 5è del Reglament de Policia Sanitària Mortuòria 297/1997, de 25 de novembre, que textualment es pronunciava sobre '…las dimensiones mínimas internas de los nichos deben ser de 0,90 m de ancho, 0,75 m de altura y 2,60 m de profundidad'. Però sí que aquest reglament, en el seu articulat va adaptar-se fil per randa al que fixava el pretèrit Reglamento de la Junta Administrativa de los Cementerios Generales de Barcelona (RJACGB), text íntegre del qual publicat en el llibre 'Tratado de Cementerios' de Rafael Leante García, ardiaca de la Santa Iglesia Catedral de Jaca i soci de l'Acadèmia Mariana de Lleida, que a instància del canonge Brugulat el va editar l'any 1887 a la seva Tipografia Mariana, i on a l'article 78 diu literalment: 'Los nichos que se construyan deberán tener once palmos de largo, cuatro de ancho y tres de alto, pudiendo también sus dueños poner la inscripción que gusten, con sujeción a la censura prevenida…'

Doncs bé, en aquella època era vigent al Principat de Catalunya el pam de 23,3 cm, equivalent a 1/12 part de la 'cana de destre' de Barcelona que ensems equival a 2,796 metres. A partir de l'ampliació fragmentària de la còpia digital del plànol a escala que, relatiu a l'alçat de façana i descripció de planta de bloc de nínxols i galeria porxada, acompanyava el projecte original d'obra de l'arquitecte signant Ramon Portusach de data 2 de gener de 1882 i que reproduïm més avall de les dues següents taules amb el detall de les mesures sobreposades, disposem de tres fonts sobre les dimensions més significatives i obligades dels nínxols per establir-ne l'oportuna comparativa i contrast de dades, juntament amb les preses *in situ* sobre el propi nínxol-tipus tapiat nº 408 de Santa Cecília, aixecat l'any 1888 i que hem reproduït gràficament més amunt.

Dimensió nínxol	Núm. pams	Càlcul pam x 0,233	Mides en m RJACGB 1881	Mides en m projecte obra 1882	Mides en m llei mortuòria 1997
llarg	11	11 x 0,233	2,563	2,60	2,60
ampla	4	4 x 0,233	0,932	0,80+0,15	0,90
alt	3	3 x 0,233	0,699	0,81	0,75

La diferència més notable es dóna en les alçades, la qual cosa depèn en què es tracti o no d'una secció transversal més o menys quadrangular o bé que amidi l'altura des de la base horitzontal d'una secció de figura irregular fins a la tangent de l'extradós o corba convexa i exterior d'un arc en què acaba la part superior, com és el cas de la volta catalana. Per tant, vegem ací resumides les mides entre les mitjanes per unitat de nínxol d'aquells que són objecte d'enderroc en els quatre blocs de Santa Cecília, calculades mitjançant coordenades sobre cartografia en ortofoto, més les estimades segons el plànol del projecte d'obra de 1882 abans al·ludit, i el que manen respectivament els reglaments de policia mortuòria de 1881 i 1997.

Bloc	Amplada *m*	Fondària *m*	Altura *m*
A	0,942	2,60	0,82
B	0,934	2,60	0,82
F	0,923	2,60	0,82
G	0,942	2,60	0,82
Mitjana per coordenades	**0,935**	**2,60**	0.82
Segons **projecte 1882**	0,95	2,60	0,81
Segons **reglament 1881**	0,932	2,563	0,699
Segons **llei mortuòria 1997**	0,90	2,60	0,75

En el cas esmentat del nínxol-tipus, els 5 cm menys de diferència en l'altura corresponen a part dels 7,70 cm de distància entre l'extradós o punt més alt tangent a l'arc rebaixat de la volta catalana, i l'horitzontal que passa pels seus dos punts extrems, i més baixos, d'encaix en els murs o envanets laterals de càrrega de maó (= 67,30+7,70 = 75 cm). I encara hi ha 5 cm més a afegir corresponents al gruix de la volta doble amb 2 rajols més junt, més altres 2 cm de gruix de la capa de rajol de la base. En total, doncs, els 82 cm. mesurats.

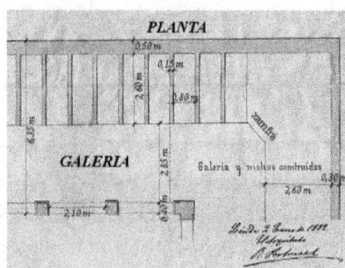

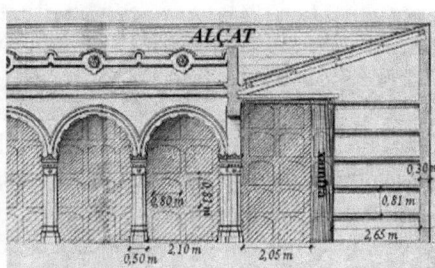

47

Segons referència actual a data 17 de maig de 2017, el nombre de nínxols de cadascun dels quatre blocs afectats pel decret de ruïna parcial, tots amb galeria porxada frontal, són els de la següent taula, de manera que tan sols un 38,9% tenen titular reconegut i actualitzat, mentre que la resta arriba al 61,1%, molt per sobre doncs de l'entre 25 i 30 per cent que s'estima com a mitjana de nínxols anònims de tota la necròpoli lleidatana.

Bloc	Segons actualització Paeria			Segons inventari extraoficial			
	Total nínxols	Actualitzats		Total nínxols	Numeració nínxols	En desús absolut	
		Núm.	%			Núm.	%
A	164	59	36,0	160	21 a 180	77	48,1
B	219	78	35,6	225	181 a 405	169	75,1
F	214	92	43,0	225	1.151 a 1.375	77	34,2
G	164	67	40,9	160	1.376 a 1.535	96	60,0
Total	761	296	38,9	770	-	419	54,4

1.19. GALERIES PORTICADES

En sentit arquitectònic entenem aquí per galeria porticada, porxo, porxada o llotja aquell espai interior i cobert en forma de passatge, limitat lateralment per un dels seus costats per la façana o mur ceràmic vist d'un bloc contigu de nínxols amb llur característica ornamentació exterior en *volta de maó de pla*, mentre que pel costat oposat té adossada una tirallonga de *pilastres* o columnes de secció quadrada o rectangular, que basalment descansen ancorades sobre el terreny i els fonaments a través d'un *pedestal* o pilastra de poca alçària i més amplada que el *fust*, pilar, matxó o canya que suporta, ensems coronat per un *capitell* o element més o menys adornat o esculpit en pedra, encarregat de sostenir damunt seu un dels extrems de l'*arquitrau* o carreu tallat en forma de paral·lelepípede, que aguanta amb les *arcades* o obertures semicirculars de pas closes per un arc de grans dimensions l'*entaulament* o conjunt superior d'elements estructurals de *fris* (sanefa) i *cornisa* (repetxó, relleix) que coronen la capçalera de la llarga tirallonga descrita.

D'altra banda, aquesta tirallonga de pilastres i arcades dels pòrtics de galeria dóna o flanqueja, com si els abracés, un parell de patis o *illes ajardinades* centrals a manera d'un *semiclaustre*, on s'hi han construït en temps més contemporanis tombes, panteons i mausoleus. Per tant, esdevé una frontera entre present i passat o, més concretament, entre els segles xix i xx.

Contràriament al que deia l'informe de *ruïna parcial* emès pel tècnic municipal, segons l'art. 7è del plec de condicions facultatives d'en Portusach, els basaments, columnes, arcades, capitells i coronament de les llotges o galeries porticades no són pas fets de pedra artificial, sinó de carreus llavorats de *pedra calcària natural* de les pedreres d'aleshores en la partida despoblada d'*Astó* al terme municipal de Lleida, al sud de Vinatesa i del rierol de Melons, de gra fi homogeni i compacte, i sense coquera o ulls en la massa pètria, taques, ni cap defecte que pogués minvar-ne la resistència ni presentar mal aspecte.

Casa Francesc Oliva – 187

Pilastres, arcades i entaulament
Sta.Cecília — 1881

Dit això, i a la vista d'aquestes dues imatges, afegir que la font que inspirà Portusach per a dissenyar els porxos fou precisament una altra obra seva primerenca, aixecada deu anys abans (1871) a Barcelona, en la cèntrica i transitada cantonada entre Pelai i Rambla de Canaletes, coneguda com la casa Francesc Oliva, la senzillesa original de la qual va desaparèixer el 1917 amb les modificacions que s'hi feren aleshores. Però encara bo que ens va quedar el dibuix dels pòrtics que va dissenyar per a la planta baixa de l'immoble (a l'esquerra) i que comparem amb els bastits a Santa Cecília (a la dreta).

En resum, i pel que fa a detalls decoratius de perfil esbiaixat en la pedra, tenim:

* *Pedestals* o basaments de carreu tallat quadrat i sense caires vius tallats en petit xamfrà, de secció 50 x 50 cm.

* *Pilastres* o pilars amb *fust* de secció quadrada de 40x40 cm, moderadament enxamfranada.

49

* *Capitells* al capdamunt de la pilastra, més ampla que el fust i esculpit i suportant l'*arc*.

* *Arcades* semicirculars dentades decorades amb un parell d'*arcuacions linials* iguals i paral·leles en relleu.

* *Entaulament* de capçalera amb *fris, cornisa* i relleus figuratius de *rodes lobulades* ornamentals en que es corona un conjunt d'*estil clàssic historicista*.

I tocant a la descripció del nombre, estat de conservació i tipologia dels elements arquitectònico-artístics segons referència actual que conformen cadascun dels trams de galeria porticada en els seus 2,66 m d'amplada neta, més 0,50 m del costat de basament quadrat de pilastra, tenim això altre:

* *Bloc A*: amb 12 *pilastres*, 11 *arcades* i *sostre* i *cel ras* en bon estat en galeria, però el paviment esmicolat i intransitable.

* *Bloc B*: amb 15 *pilastres,* 14 *arcades* i *sostre* i *cel ras* en bon estat en galeria, però també el paviment esmicolat i intransitable.

Galeria porticada del bloc *A*

Galeria porticada del bloc *B*

* *Bloc F*: amb 14 *pilastres* i 13,5 *arcades* en bon estat, menys l'última, escapçada per haver enderrocat la darrera pilastra per tal d'obrir la porta de comunicació vers al recinte veí de Sant Josep, però galeria interior sense *sostre* ni *cel ras* des de 1996 pel cap baix i també amb paviment esmicolat, intransitable i amb flora natural aflorant.

* *Bloc G*: amb 12 *pilastres* i 11 *arcades* en bon estat en galeria porxada sense *sostre* ni *cel ras* des de 1996 pel cap baix, així com *paviment* en mal estat.

Com a finalitat de la *porxada*, l'informe del tècnic municipal n'assenyalava tan sols tímidament i com de passada les funcions de protecció i embelliment, però ometia o ignorava el seu *valor històrico-artístic* intrínsec en ésser un material llavorat i testimoniatge d'una època i d'un autor determinats, i de la cura amb què es van llavorar pilastres i arcades en són les recomanacions que es feien en el mateix *art*. 7è del plec en ordre a la prohibició absoluta de substituir amb peces supletòries les fallades, trencs, esbornacs i defectes que poguessin ocasionar-se en virtut d'operacions maldestres de llavorar o bé en col·locar els elements arquitectònico-decoratius.

Galeria porticada **F**

Galeria portica **G**

Totals: *pilastres*: 12+15+14+12 = 53 / *arcades*: 1 accés+11+14+13,5+11 = 50½

Fust i capitell

Al fons, panoràmica de la tirallonga porticada **F**

Doncs bé, resulta indubtable que els dos elements constitutius de l'obra arquitectònica aixecada entre els anys 1881 i 1907, i que ara es vol derruir, formen un conjunt indestriable, i únic, compost d'una banda pels quatre blocs de nínxols, executats amb la valuosa tècnica de la *volta catalana de maó de pla* i actualment els únics més antics de tot el cementiri; i d'altra banda, la llarga galeria porxada amb 53 *pilastres* i sengles *capitells* de perfil esbiaixat llavorats amb pedra natural de la partida lleidatana d'Astor, més les corresponents *arcades dentades* i l'*entaulament* de capçalera que corona un conjunt de valuós interès històric, patrimonial, artístc i memorial, tot plegat segons projecte de l'arquitecte municipal Ramon Portusach i Barrató, ensems autor d'altres obres significatives de la ciutat de Lleida, malauradament també derruïdes.

1.20. ILLES DE L'ESPAI INTERIOR CENTRAL

Respecte dels 1.028,80m² de l'espai interior semienvoltat per les quatre galeries porticades deiem que estava dividit en dues illes per un caminoi al mig, on s'hi troben 4 *panteons* i 48 *tombes* de variable caràcter monumental, tot i que només tenen una antiguitat compresa entre els anys 1930 i 1976 i per tant molt més moderna que la dels quatre blocs de nínxols amb galeria porticada frontal de riques arcades i capitells, conjunt obrat al mateix temps entre els anys 1880 i 1907 i que té des del punt de vista jurídic i urbanístic la consideració d'*unitat predial*, la qual en el supòsit d'enderrocar-se privaria aquestes illes centrals, i la necròpoli sencera, del seu més antic marc o '*entorn històric i clàssic*', que les enriqueix i n'il·lustra sobre el context i el batec sensible i social de l'època finisecular del XIX, expressats a través de la diversitat d'estils ornamentals i de pràctica memorial i devota envers els difunts, anònims o no.

Semblant dissociació o discriminació constitueix, doncs, una vulneració del concepte mateix de *conjunt històric* tal com el defineix l'article 15.3 de la llei 16/1985, de 25 de juny, del Patrimoni Històric Espanyol, quan diu ésser '*l'agrupació de béns immobles que formen una unitat d'assentament, contínua o dispersa, condicionada per una estructura física representativa de l'evolució d'una comunitat humana per ser testimoni de la seva cultura*'.

La *Secció* o *Àrea de Salut Pública* de la Paeria de Lleida ha publicat amb l'editorial *Pagés* un llibre sobre els panteons i tombes de les 4 illes centrals de Santa Cecília, amb un contingut sobre tipus de monuments funeraris, estat de conservació, materials emprats en la construcció, estil artístic, cronologia, reproduccions fotogràfiques i planimetria d'ubicació, llibre en què hi han participat els historiadors Carme Bermejo, Ferrán Arnó i Robert Teixidó. I de les dues illes que comentem en destaquen aquests monuments respectius:

* En l'illa 1 el *panteó* núm. 15, on hi ha un *cenotafi* (sepulcre sense despulles) en pedra i al costat un àngel dempeus amb una guirnalda de flors amb acció de depositar-les, disseny d'obra de J.Picart, mentre que la cadena que delimita el panteó és de P.Corberó i l'escultura dels renombrats germans Miguel i Luciano Oslé, dins d'un estil eclèctic. A banda hi ha les típiques *tombes* de grans làpides amb creus gravades, en relleu o que presideixen el monument, com és el cas del núm. 12 presidit per una escultura de la Pietat.

* En l'illa 2 el *panteó* núm. 13, de l'anomenat tipus *'capella'*, datat el 1932, d'estil renaixentista amb grotescos o motius ornamentals i volta *casetonada* (amb adorns buits geomètrics), presidit per una escultura femenina que als peus té una mussol en marbre del reconegut artista Miguel Blay i Fábregas. I també destaca el número 17 de tipus capella en estil neorománic.

Illa	Núm. tombes	Núm. panteons	Data més antiga	Data més moderna	Data mitjana
1	32	1	1930	1972	1957
2	16	3	1930	1976	1957
Total	48	4	1930	1976	1957

1.21. ALGUNS PROHOMS INHUMATS

* **Bloc A**. Comença amb el nínxol 21 perquè foren anul·lades 4 columnes de 5 nínxols a la fi d'obrir la porta de comunicació amb Sant Anastasi. Dels 160 nínxols que té (del núm. 21 al 180), n'hi ha uns 59 en actiu = 36,9 %.

Prohoms:

* *Núms.* 21-22 – Família de *Víctor Hellín Sol* (1913-†2014), polític falangista, president de la Diputació Provincial de Lleida des de 1952 i ho seria fins al 1961, havent estat abans alcalde de la ciutat de Lleida de 1943 a 1952.

* Núm. 37 – *Manuel Rey Cascales Calvet* (1903-†), fotògraf de Lleida, que destacà per la seva dedicació a les anomenades fotografies il·luminades, amb una gran qualitat artística i tècnica, acolorint manualment les imatges, majoritàriament retrats de la societat lleidatana. L'any 1986 participava en una mostra titulada *Nou fotògrafs de Ponent* i té editat per la impremta Pagès un llibre sobre la Seu Vella.

* *Núm.* 156 – *Francesc González i Puig* (1819-†1883), canonge de la Catedral de Lleida i fiscal de la Cúria eclesiàstica, juntament amb llur germana, la beata *Esperança* (1823-†1885), fou impulsor de la fundació el 12 de juny de 1862 de la congregació religiosa de germanes *Missioneres Esclaves de l'Immaculat Cor de Maria* dedicada a l'atenció de les dones marginades i a l'ensenyament, sítia al final del carrrer Sant Antoni en el que havia estat convent dels Antonians i en acabat casa i hort pairal de la família González. Ella morí arran de l'epidèmia de còlera dos anys després que el seu germà.

* *Núm.* 173 – *Celestí Campmany i Pelliser* (1847-†1914), nat a Lleida, obtingué el títol d'arquitecte l'agost de 1872 i el càrrec d'arquitecte de la Diputació Provincial el novembre de 1877 i també del Bisbat. Morta la seva dona, es casà en segones núpcies amb la filla del banquer *Magí Llorens i Dragó*. Constructor i reformador de nombrosos edificis, com la reconstrucció del temple de Sant Joan Baptista (1879-1885), el plànol de la ciutat de Tremp, el Teatre d'Estiu als Camps Elisis, la casa Aldomà al carrer Major cruïlla Cavallers (1881), la presó cel·lular de Lleida (1889), el Palau Provincial de Lleida (1893-1897), el nou Seminari Diocesà (1893-1894) a iniciativa del Dr. *Josep Meseguer i Costa*, el palau de l'Audiència i el 1912 iniciaria les obres del nou Liceu Escolar al carrer Blondel. Acabà la seva vida el 1914 de mort sobtada.

* **Bloc B**. Dels 225 nínxols que té (del núm. 181 al 406), n'hi ha uns 78 en actiu = 34,7 %.

Prohoms:

* *Núm.* 189 – *Francesc Lamolla i Morante* (1869-†1928), arquitecte municipal entre 1902 i 1906, fou el constructor de l'antiga Caixa d'Estalvis i Mont de Pietat de Lleida (1905), després Escola Normal i ara actual Delegació de Cultura a la Rambla de Boters, tot i que la seva magna obra és la casa del banquer *Magí Llorens* (1905-1907), que amb profusió de ceràmica i vidre esdevé un exemple excepcional del modernisme a Lleida.

* *Núm.* 228 – *Ramon Serratosa i Millàs* (1841-†1881), mestre d'obres nat a Lleida i casat amb *Concepció Queralt i Rauret*, ensems germana de l'arquitecte lleidatà *Josep Antoni Queralt* (1846-†1929), amb qui va tenir una descendència de *set fills*. El 1876 sobre el solar de l'enderrocada església de la *Puríssima Sang* n'erigí una altra de nova planta segons projecte de *Celestí Campmany*, tot conservant la portalada renaixentista de l'anterior temple i executant els treballs ornamentals, dels que cal destacar-ne l'enteixinat que decora el sostre de la nau central constituint una de les mostres més valuoses i alhora més ignorades de l'art lleidatà del segle XIX. També féu el 1862 part de l'edifici de l'Oratori de la Reial i Pontifícia Acadèmia Mariana a Lleida, juntament amb el seu cunyat, l'arquitecte *Queralt*, qui retornat d'Ourense hi aixecaria el Paraninf, ocupant dues plantes i acabat en una cúpula lluminosa. El seu avi patern era el contractista i mestre d'obres de l'ajuntament de Lleida *Jayme Serratosa* (1772-†), qui en les eleccions de finals de l'any 1820, durant l'anomenat 'Trienni liberal' (1820-23), règim que implantava noves lleis amb la intenció d'exonerar els vestigis feudals de la societat, va ser elegit com a substitut de l'alcalde *Antoni Miquel Major* del quart barri dels dotze que hi havia a la ciutat de Lleida, aleshores presidida pel notari *Francesc*

Xavier Soldevila, històricament el primer paer o batlle constitucionalista de la capital de Ponent.

* *Núm*. 228 – Família Rauret. En *Josep Pedro Rauret* (-†1895) es dedicava entre 1853 i 1868 al negoci de la impremta i l'any 1861 ja era el dotzè major contribuent del fisc a la província, però darrera del vuitè amb Josep Rubies, candidat oficial del govern moderat. En política formà part del comité electoral democràtic de Lleida en els comicis de 1863 i 1864.

* *Núm*. 242 — *Manuel Cardona i París* (1846-†1918), notari nomenat secretari escrivà del jutjat de 1ª instància de Lleida i de l'Audiència provincial, vivía al carrer *Sant Antoni*, nº 9 i estava casat el 1876 amb *Josefa Bert*, matrimoni que va tenir només dos fills: *Mercè Cardona Bert*, que n'esdevindria la dona d'Arturo Nofre, i *Manuel Cardona Bert*, el qual després d'un penosa malaltia de molt jove va premorir sis anys abans que el seu pare, i aquest és l'epitafi que hi havia en aquest nínxol en una inscripció separada de la làpida:

Marcit caigueres com rosa càndida
al bes de rosada traïdora
¡Fill meu! recorda't dels pobres orfes
donchs Déu t'ha obert amb vibracions de glòria

Aquest Manuel Cardona era fill del filòleg *Gaspar Cardona* d'Agramunt i germà del poeta *Jaume Cardona París* (1852-1889), mort malauradament als 37 anys, el qual havent estudiat a Tremp aprengué després l'ofici d'impressor a l'Acadèmia Mariana de Lleida, havent fundat en acabat una impremta pròpia d'ideologia catòlica i un setmanari titulat '*El obrero catòlico*'.

* *Núm*. 242 — *Arturo Nofre i Morell* (1876-†1956), nomenat el 7 de gener de 1925 corredor de comerç de la plaça mercantil de Lleida, mort el 20-6-1956 als 80 anys i casat amb *Mercè Cardona i Bert* (1881-†1946), morta als 65 anys. Era natural de la *Sentiu de Sió* i havia tingut moltes finques al terme municipal de *Fet*, a la ratlla d'*Aragó* (i també que sapiguem un hort al '*Balcó de la Mariola*', a la plaça de l'Escorxador de Lleida), fins a quedar '*descabalat*' i empobrit pel seu propi administrador que li buidava les butxaques.

* **Bloc F.** Dels 225 nínxols que té (del núm.1.151 al 1.375), n'hi ha uns 92 en actiu = 40,9 %.

Prohoms:

* *Núm*. 1151 – Família Costa. *Francesc Costa i Terré* (1843-†1922), insigne polític lleidatà del partit conservador i antic batlle de la ciutat els anys 1898, 1903 i 1907, qui a l'any 1895 va iniciar l'alineació actual de la calçada del carrer que porta el seu nom i que de fet és l'antic camí cap a Gardeny. En cessar per reial orde l'alcalde republicà *Humbert Torres* el 22 de novembre de 1920, *Costa* tornà altre cop al càrrec d'alcalde a l'edat de 78 anys.

     * *Núms.* – 1236-1237. *Ricard Viñes i Roda* (1875-†1943), eminent pianista, músic i compositor de fama mundial com a intèrpret i divulgador de la música contemporània francesa i espanyola, havent fet centenars de concerts, sobretot a París, però també a altres països europeus i sud-americans, d'autors com Ravel, Debussy, Falla, Turina, Mompou, Mússorgski i Rimski-Kórsakov. Debutà com a concertista el 1895, a la famosa *Sala Pleyel* parisenca i el 1906 fou elegit membre del Consell Superior del *Conservatoire* de la capital francesa. Arran de l'ocupació alemanya de París s'establí finalment a Catalunya l'any 1940 i morí a Barcelona tres anys més tard. Seguint el seu desig, fou enterrat al cementiri de Lleida, al costat de sa mare.

     * *Núm.* 1270. – *Màxima Queralt i Rauret,* vídua de *Francesc Serratosa i Millàs,* germà del mestre d'obres *Ramon Serratosa* també nat a Lleida, i ensems germana de *Concepció* esposa d'aquest seu cunyat, així com germana de l'arquitecte *Josep Antoni Queralt* (1846-†1929), també de Lleida, però que treballà molt a Ourense, on fou arquitecte municipal i diocesà fins a 1898 i 1899, respectivament, havent impulsat el desenvolupament urbà de la incipient burgesia comercial gallega i on també hi projectà l'edifici del Bisbat, el nou Seminari Conciliar de San Fernando, el cementiri civil de San Francisco, rehabilità l'Ajuntament i redactà el 1894 la memòria sobre l'estat sanitari de la ciutat. També seria nomenat arquitecte d'Hisenda a Lleida, on el 1917 hi va contruir la *Casa Queralt* de gust modernista al barri del Secà de Sant Pere.

* **Bloc G**. Dels 160 nínxols que té (del núm. 1.376 al 1.535), n'hi ha uns 67 en actiu = 41,9 %.
Prohoms:
* *Núm*. 1.517 – *Buenaventura-María Guí Girves* (1837-†1890), natural de *Llívia* (Cerdanya), esposa del Exm. Governador Militar de Lleida, general *Federico Muñoz Maldonado* (†1906, a Tarragona).

1.22. DESCRIPCIÓ DELS BLOCS DE NÍNXOLS

BLOC PORXAT 'A' (abril 2017)
* Núm de *columnes*: 32
* Núm de *nínxols*: 160, dels quals 158 de simples i un de doble.
* Numeració del 21 al 180.
* Del total, 98 (*61,2%*) tenen titulars en *làpides* i 62 no (*38,8%*)
* Ara bé, 83 (*51,9%*) nínxols s'usen o s'han usat fins ara, mentre que 77 (*48,1%*) estan en *desús absolut*.
* Majoritàriament tant uns com altres tenen *làpida*: 133 (*83,1%*) i només 27 (*16,9%*) tapiat, arrebossat o sense làpida.
* No totes les làpides tenen *marc metàl·lic*, ja que n'hi ha 101 (*63,1%*) que no en tenen, però en altres 22 (*13,8%*) és vell o bé rovellat, restant-ne només 37 (*23,1%*) amb el marc encara útil.
* Els que conserven encara el marc amb *vidre* són 47 (*29,4%*) i 113 (*70,6%*) els que l'han perdut o no en tenien de bell antuvi.
* El *color* dominant en les 133 làpides és el *blanc*, amb 56 (*42,1%*) i el *negre* amb 45 (*33,8%*), seguits pels tons foscos, bruts i mesclats d'altres 32 (*24,1%*), quedant-ne d'altra banda els *tapiats*: 12 amb *totxo vist* i 13 de color desconegut per la reflexió de llum solar del vidre, junt amb 2 de residuals de tons opac i marró.
* Les làpides o frontals tapiats que no tenen text són 25 (*15,6%*) i la resta que sí 135 (*84,4%*), per bé que només 65 (*40,6%*) d'aquestes es llegeixen amb certa facilitat i unes 46 (*28,8%*) no són prou llegibles, en part perquè 25 (*15,6%*) pateixen l'efecte reflectant de la llum solar.
* Tocant a *ornamentació floral* (rams i gerres) a l'abril de *2017*, 57 (*35,6%*) en tenen, però 101 no (*63,1%*), més un cas dubtós i un altre amb vegetació floral espontània.
* Un total de 125 (*78,1%*) manquen d'altres elements decoratius i en la resta hi dominen 14 amb *anelles* o *argolles* (*8,8%*), altres 15 amb *imatges religioses* (*9,4%*), poc menys les fotos familiars: 5 (*3,1%*), més un balconet.
* COGNOMENTA: 75 cognoms primers i segons de gent lleidatana i/o forana enterrada (amb expressió del codi de nínxol):

Aige (118), *Albà* (72), *Almacelles* (88), *Amorós* (74), *Armengol* (170), *Arnó* (101), *Balasch* (79), *Baldellou* (76), *Ballespí* (123), *Ballester* (78-157). *Barrionuevo* (55), *Benet* (148), *Bonet* (63), *Bordalba* (97-146), *Broto* (125), *Calvet* (35), *Campmany* (173), *Capell* (103), *Cases* (155), *Castaner* (172), *Corbella* (118), *Culleré* (86), *Dejuan* (155), *Delabart* (52), *Farràn* (123), *Farràs* (69), *Feliu* (94), *Figueres* (120), *Fondal* (50), *Freixenet* (146), *Freixes* (98), *Gabandé* (49), *Garriga* (114), *Gené* (127), *Gilart* (88), *Gonzalez* (156), *Goses* (78), *Goyena* (146), *Hellin* (21-22), *Llaquet* (76), *Llavaneras* (163), *Malet* (27), *Mauri* (127), *Mestre* (27-92-130), *Mesull* (26), *Moncasi* (139), *Morell* (63), *Mulet* (83), *Nebot* (101), *Oriach* (118), *Palà* (42), *Pallars* (42), *Pallarés* (81), *Pané* (46), *Pedrós* (106), *Peruga* (57), *Piñol* (115), *Plana* (176), *Poch* (112), *Prats* (142), *Puig* (120-156), *Pujol* (103), *Rada* (113), *Rey Cascales* (37), *Ribelles* (51), *Roca* (168), *Roch* (107), *Romeu* (67-69), *Salla* (134), *Serra* (170), *Sol* (109), *Tàrrega* (82), *Vidal* (49), *Vileta* (137), *Yglesias* (87), *Ysach* (144).

Entitats religioses: Revd. *Antoni Albà Muncu*...(72), Revd. *Josep Tàrrega Barrera* (82), Revd. *Ramon Poch*, canonge (112) [†1905], *Misioneros Hijos del Corazón de Maria* (147).

BLOC PORXAT 'B' (abril 2017)
   * Núm. de *columnes*: 45
   * Núm. de *nínxols*: 225, dels quals 219 de simples i 3 de dobles.
   * Numeració del 181 al 406
   * Del total, 173 (*76,9%*) tenen titulars en *làpides* i 52 no (*23,1%*) / Però només el *56,6%* dels titulars són ben llegibles i un *24,3%* mitjanament o bé poc.
   * Ara bé, 56 (*24,9%*) nínxols s'usen o s'han usat fins ara, mentre que 169 (*75,1%*) estan en *desús absolut*.
   * Majoritàriament tant uns com altres tenen *làpida*: 173 (*76,9%*), només 38 (*16%*) *tapiat* o *arrebossat* i la resta (*7,1%*) sense làpida o bé trencada.
   * No totes les làpides tenen *marc metàl·lic*, ja que n'hi ha 154 (*68,4%*), que no en tenen, restant-ne només 27 (*12%*) amb el marc encara útil.
   * Els que conserven encara el marc amb *vidre* són 41 (*18,2%*) i 184 (*81,8%*) els que l'han perdut o no en tenien de bell antuvi.
   * El *color* dominant en les 173 làpides és el *blanc,* amb 83 (*48%*), i el *negre* amb 41 (*23,7%*), seguits pels tons foscos, bruts i mesclats d'altres 49 (*28,3%*), quedant-ne d'altra banda els *tapiats:* 16 amb *totxo vist* i 19 d'*arrebossats,* junt amb 10 residuals de tons grisos i 7 de foscos.
   * Les làpides o frontals tapiats que no tenen text són 52 (*23,1%*) i la resta que sí 173 (*76,9%*), per bé que només 98 (*56,6%*) d'aquestes es lle-

geixen amb certa facilitat i unes 75 (*43,4%*) no són prou llegibles, en part perquè 26 (*15%*) pateixen l'efecte reflactant de la llum solar.

* Tocant a *ornamentació floral* (rams i gerres) a l'abril de *2017*, 46 (*20,4%*) en tenen, però 179 no (*79,6%*).

* Un total de 167 (*74,2%*) manquen d'altres elements decoratius i en la resta hi dominen 37 amb *anelles* o *argolles* (*16,4%*), altres 10 amb *imatges religioses* (*4,5%*), 4 amb relleus lapidaris (*1,8%*) i molt poques fotos o dedicatòries familiars: 8 (*3,6%*).

* COGNOMENTA: 142 cognoms primers i segons de gent lleidatana i/o forana enterrada (amb expressió del codi de nínxol):

Albiñana (273), *Amorós* (214), *Andrés* (229), *Aragonés* (276), *Arias* (286), *Armengol* (362), *Arnó* (212*)*, *Ballespí* (198), *Bañeres* (202), *Beà* (268), *Bellart* (366), *Bellet* (198), *Benet* (205-343), *Benzo* (337), *Bergós* (222), *Bert* (242), *Bertrán* (381), *Bes* (256), *Betriu* (186), *Blanch* (204), *Bondia* (333), *Biscarri* (313), *Bordalba* (267), *Borràs* (236), *Bosch* (218), *Bota* (310), *Bru* (225), *Buset* (269), *Campos* (360), *Cano* (337), *Campmany* (346), *Cardona* (242), *Casas* (229), *Castany* (338), *Caubet* (309), *Ceballos* (259), *Closa* (258), *Codina* (184-296), *Cugat* (293), *Delmàs* (338), *Domingo* (369), *Duquedat* (382), *Escolà* (211-293), *Español* (230), *Estivill* (188), *Estrada* (399), *Farran* (206), *Farrús* (239-306), *Ferré* (272), *Font* (360), *Fontana* (304). *Fontanet* (303), *Forn* (369), *Franci* (330), *Franco* (379), *Freixa* (292-315), *Fuentes* (358), *Gabandé* (272), *Galí* (378), *Garsaball* (275), *Gasol* (249), *Gené* (263), *Gil-Orpí* (192), *Giró* (356), *Gual* (397), *Guamis* (391), *Lamolla* (189), *Laplana* (237), *Larrosa* (232-385), *Latorre* (274), *Lavaquial* (373), *Lluch* (370), *Lozano* (225), *Mañé* (326), *Mayer* (380), *Melcior* (202), *Menchaca* (307), *Mesalles* (402), *Mestre* (249-274), *Miarnau* (393), *Mías* (296), *Millàs* (228), *Mir* (241), *Monné* (311), *Montull* (343), *Navarro* (334), *Noguer* (315), *Oró* (379), *Pàmpols* (287), *Pedrol* (205), *Perucho* (207), *Piñana* (207), *Piñol* (184), *Plana* (351), *Pocallet* (239), *Pol* (366), *Pons* (342), *Porta* (263), *Prat* (373), *Puig* (342-378), *Puñet* (380), *Regany* (193), *Rey* (324), *Revert* (262), *Rigart* (217), *Romaguera* (203), *Ros* (223), *Rosselló* (276), *Saavedra* (279), *Safonts* (340), *Sagarra* (203), *Salat* (254), *Samper* (262), *Sants* (287), *Santvicens* (243), *Sarri* (343), *Sayol* (260), *Sebit* (305), *Serra* (258), *Serratosa* (228), *Serret* (198), *Sierra* (332), *Sirera* (252), *Solé* (305), *Solsona* (288), *Soteres* (313), *Suñé* (182), *Tarruella* (237), *Terrats* (334), *Torres* (229-388), *Tufet* (349), *Valeri* (391), *Vallduy* (288), *Vallespí* (312-317), *Valls* (349), *Vallverdú* (332), *Vidal* (198), *Vilà* (187-241-387), *Vilagrasa* (218), *Vilaplana* (393), *Viñes* (374), *Vivanco* (227-307).

Entitats religioses: Revds. *Padres Misioneros del Corazón de Maria* (246), Revd. *Cleris* Acadèmia Mariana (293), Cinc frares franciscans

[*Riu Soldevila, P.Sanaüja Vallverdú, Figuerol Sabaté, J.P.Vilanova Ortells. Mezquita Ribé*] (336).

BLOC PORXAT 'F' (abril 2017)
* Núm. de *columnes*: 45
* Núm. de *nínxols*: 225, dels quals 223 de simples i 1 de dobles.
* Numeració del 1.151 al 1.375
* Del total, 172 (76,4%) tenen titulars en *làpides*, 47 no (20,9%) i 6 tampoc o és dubte / Però només el 46,5% dels titulars són ben llegibles i un 22,7% mitjanament o bé poc.
* Ara bé, 77 (34,2%) nínxols s'usen o s'han usat fins ara, mentre que 142 (63,1%) estan en *desús absolut* i 6 són dubtosos (2,7%).
* Majoritàriament tant uns com altres tenen *làpida*: 172 (76,4%), només 38 (20,9%) *tapiat* o *arrebossat* i la resta (2,7%) sense làpida o bé trencada.
* No totes les làpides tenen *marc metàl·lic*, ja que n'hi ha 130 (57,8%), però restant-ne només 50 (38,5%) amb el marc encara útil i 80 (61,5%) en estat vell.
* Els que conserven encara el marc amb *vidre* són 49 (37,7%) i 176 (78,2%) els que l'han perdut o bé perquè 93 (41,3%) no tenien marc de ferro de bell antuvi o 2 perquè era de marbre.
* El *color* dominant en les 172 (76,4%) làpides és el *blanc,* amb 69 (40,1%), i el *negre* amb 64 (37,2%), seguits pels tons foscos, bruts i mesclats d'altres 37 (21,5%), quedant-ne d'altra banda 2 (1,2%) amb relleus i fins a 53 (23,6%) de *tapiats:* 44 amb *totxo vist* o *arrebossats,* junt amb 9 residuals de tons grisos i foscos.
* Les làpides o frontals tapiats que no tenen text són 106 (47,1%) i la resta que sí 119 (52,9%), per bé que 80 (67,2%) d'aquestes es llegeixen amb certa facilitat i unes 39 (32,8%) no són prou llegibles, en part perquè 73 (32,4%) pateixen l'efecte reflactant de la llum solar o de l'enfosquit.
* Tocant a *ornamentació floral* (rams i gerres) a l'abril de *2017,* 74 (32,9%) en tenen, però 151 no (67,1%).
* Un total de 154 (68,4%) manquen d'altres elements decoratius i en la resta hi dominen 51 amb *anelles* o *argolles* (22,7%), altres 8 amb *imatges religioses* (3,6%) i molt poques fotos o dedicatòries familiars: 12 (5,3%).
* COGNOMENTA: 157 cognoms primers i segons de gent lleidatana i/o forana enterrada (amb expressió del codi de nínxol):
Agelet (1292), *Alfonso* (1342), *Alsinet* (1216), *Amorós* (1205), *Ardanuy* (1271), *Areny* (1209), *Areste* (1347), *Arnau* (1287), *Banyeres* (1317), *Basanell* (1286), *Bellmunt* (1343), *Bernadó* (1160), *Boira* (1344), *Borràs* (1238). *Borrell* (1223), *Bota* (1238), *Bigues* (1291), *Burgés* (1289), *Cabó*

(1204), *Calderó* (1234), *Canelles* (1346), *Canut* (1166), *Capdevila* (1203), *Carner* (1161), *Casals* (1198), *Casanell* (1286), *Casas* (1172), *Castelló* (1359), *Castèra* (1234), *Castillo* (1224), *Cendra* (1156), *Claver* (1282), *Climent* (1213), *Clua* (1212), *Coll* (1367), *Compte* (1247), *Corrià* (1202-1312), *Costa* (1151), *Curtó* (1177), *Charles* (1292-1336), *Díez* (1184-1363), *Espanya* (1205), *Espuis* (1161), *Esteve* (1169), *Fàbrega* (1156), *Falguera* (1198), *Farré* (1337), *Fermiñan* (1353), *Figuerola* (1312), *Florensa* (1222), *Fontova* (1323-1367), *Fregola* (1256-1341). *Freixenet* (1358), *Freixes* (1192), *Furriol* (1156), *Fusté* (1229), *Gagiges* (1301), *García* (1307), *Garcés* (1306-1352), *Gausí* (1171), *Gelonch* (1164), *Gil de Palacio* (1267), *Gilart* (1356), *Gimeno* (1261), *Giral* (1275), *Godia* (1336), *Gosé* (1372), *Graells* (1288), *Guivernau* (1251), *Hernández* (1195), *Invernon* (1313), *Isern* (1171), *Josa* (1297), *Jové* (1247), *Jung* (1299), *Larrola* (1188), *Llorens* (1242), *Llovera* (1356), *López* (1298), *Macià* (1212), *Marsal* (1373), *Martín* (1266), *Mas* (1187), *Masalias* (1239), *Merino* (1195), *Morell* (1182), *Merigo* (1349), *Mesanza* (1299), *Miret* (1366), *Molins* (1273), *Monfa* (1285), *Montes* (1218), *Mora* (1210), *Moragues* (1348), *Morales* (1157), *Morell* (1182), *Moret* (1198), *Murgó* (1349), *Murguí* (1189), *Novell* (1234), *Orteu* (1332), *Ortiz* (1293), *Pàmies* (1275), *Pardell* (1285), *Paris* (1152), *Pedrol* (1288), *Pedrós* (1322), *Peiró* (1307), *Pelegrí* (1188), *Peralta* (1303), *Pérez* (1254), *Pi* (1274), *Pleyan* (1325), *Prenafeta* (1356), *Prim* (1314), *Queralt* (1270), *Rauret* (1270), *Ribes* (1174-1193), *Ricart* (1193), *Roca* (1187-1199), *Rodés* (1346), *Rodoreda* (1337), *Rodríguez* (1267), *Rosell* (1375), *Rovira* (1356-1357), *Rubies* (1332), *Ruiz* (1298), *Rupérez* (1283), *Sabater* (1287), *Samplón* (1256), *Santcerni* (1204), *Santromà* (1288), *Sarrió* (1209), *Saus* (1151), *Seguí* (1314), *Serentill* (1190), *Serra* (1362), *Serratosa* (1270), *Sevina* (1262-1263), *Simeón* (1230), *Soldevila* (1282-1344), *Soriano* (1352), *Suñé* (1243), *Tarragó* (1340), *Teixidó* (1254), *Tillo* (1261), *Tomàs* (1323), *Torné* (1188), *Torrent* (1322), *Torres* (1371), *Trepat* (1156), *Vilalta* (1343), *Viñes* (1231-1232), *Valls* (1173), *Vives* (1250), *Zimmermann* (1213).

Entitats religioses: *Sor Antònia Cabó Sancerni de l'Hospital Militar* (1204) / *Misioneros del Inmaculado Corazón de Maria* (1207) / *Rvd. Ramon Torrent Pedrós*, prevere (1325).

BLOC PORXAT 'G' (abril 2017)

  * Núm. de *columnes*: 32

  * Núm. de *nínxols*: 160, tots simples i cap de doble.

  * Numeració del 1.376 al 1.535

  * Del total, 121 (*75,6%*) tenen titulars en *làpides*, 37 no (*23,1%*) i 2 tampoc o en tenim el dubte. Però només el *37,2%* dels titulars són ben llegibles i un *22,3%* mitjanament o bé poc.

* Ara bé, 64 *(40,0%)* nínxols s'usen o s'han usat fins ara, mentre que 95 *(59,4%)* estan en *desús absolut i* un és dubtós *(0,6%).*

* Majoritàriament tant uns com altres tenen *làpida*: 121 *(75,6%),* només 37 *(23,1%) tapiat* o *arrebossat* i la resta *(1,3%)* sense làpida o bé trencada.

* No totes les làpides tenen *marc metàl·lic,* ja que n'hi ha 69 *(43,1%),* però restant-ne només 23 *(33,3%)* amb el marc encara útil i 46 *(66,7%)* en estat vell.

* Els que conserven encara el marc amb *vidre* són 34 *(21,2%)* i 126 *(78,8%)* els que l'han perdut o bé perquè 91 *(56,9%)* ja no tenien marc de ferro de bell antuvi.

* El *color* dominant en les 121 *(75,6%)* làpides és el *blanc,* amb 63 *(52,1%),* i el *negre* amb 38 *(31,4%),* seguits pels tons foscos, bruts i mesclats d'altres 20 *(16,5%),* quedant-ne d'altra banda fins a 39 *(24,4%)* de *tapiats:* 31 amb *totxo vist* o *arrebossats,* junt amb 8 de residuals de tons grisos, foscos i fins i tot blanquinosos.

* Les làpides o frontals tapiats que no tenen text són 88 *(55,0%)* i la resta que sí 72 *(45,0%),* per bé que 45 *(62,5%)* d'aquestes es llegeixen amb certa facilitat i unes 27 *(37,5%)* no són prou llegibles, en part perquè 25 *(34,7%)* pateixen l'efecte reflactant de la llum solar o de l'enfosquiment.

* Tocant a *ornamentació floral* (rams i gerres) a l'abril de *2017,* 54 *(33,8%)* en tenen, però 106 no *(66,2%).*

* Un total de 24 *(15,0%)* manquen d'altres elements decoratius i 3 *(1,9%)* acumulen brossa, runam i deixalles, mentre que en la resta hi dominen 40 amb *anelles* o *argolles (25,0%),* altres 28 amb *imatges religioses (17,5%),* unes 3 *(1,9%)* mostren *cartells* amb text escrit i molt poques fotos o dedicatòries familiars en nombre de 8 *(5,0%).*

* COGNOMENTA: 85 cognoms primers i segons de gent lleidatana i/o forana enterrada (amb expressió del codi de nínxol):

Agustí (1468), *Alegre* (1377), *Aleu* (1438), *Amorós* (1493), *Andrés* (1533), *Argilés* (1415), *Ayguadé* (1501), *Baró* (1413-1427), *Berges* (1466), *Blada* (1468), *Blasco* (1468), *Bonet* (1529), *Borràs* (1404), *Bota* (1385), *Burgués* (1511), *Cabasés* (1474), *Canut* (1422), *Castelló* (1438), *Cepero* (1398), *Domènech* (1509), *Domínguez* (1388-1415), *Duran* (1494), *Escuder* (1525), *España* (1384), *Español* (1462), *Espluga* (1473), *Estivill* (1514), *Falguera* (1455), *Farga* (1533), *Ferragut* (1523), *Ferrer* (1404), *García* (1388), *Gené* (1391-1508), *Gimeno* (1394), *Ginesta* (1462), *Godas* (1378), *Grau* (1411-1442), *Guasch* (1531), *Hijas de San José* (1461), *Jové* (1402-1531), *Lafont* (1427), *Lasala* (1398), *Macià* (1390), *Martín* (1376), *Mas* (1466), *Millà* (1422), *Moix* (1386), *Montagut* (1484), *Montardit* (1530), *Morante* (1533), *Morell* (1443), *Morón* (1439), *Navarra* (1384),

Navarro (1478), *Oria* (1523), *Palacín* (1387), *Palau* (1513), *Paniello* (1411), *Pera* (1443),*Perelló* (1489), *Pinós* (1479), *Pont* (1482), *Porta* (1511), *Puig* (1455), *Pujol* (1474), *Realp* (1532), *Rei* (1406), *Rodés* (1508), *Rodríguez* (1492-1494), *Roger* (1465), *Romà* (1444), *Ros* (1385), *Ruiz* (1439), *Serret* (1378), *Sol* (1512), *Solanelles* (1448), *Sorell* (1458), *Tarragó* (1509), *Tenias* (1524), *Tomás* (1439), *Torruella* (1457), *Vicente* (1533), *Vilaplana* (1493), *Vilalta* (1402), *Ymbernon* (1440).

Entitats religioses: Hijas de San José (1461) / Rvd. *Antoni Tarragó Somènech* (1509).

1.23. DISTRIBUCIÓ TERRITORIAL DELS COGNOMS

La taula següent resumeix la distribució territorial dels 385 cognoms relacionats a l'Annex corresponents a difunts sepultats en els blocs de nínxols *A, B, F* i *G* del recinte de *Santa Cecília*, segons un estudi que, a més de l'etimologia originària del nom, té en compte el llocs on es més freqüent trobar-hi descendents de cada *llinatge*, així com el nombre de topònims que se n'han derivat.

Comarca o regió	Núm. de llinatges presents	Núm. de termes i llocs	Mitjana núm. llocs per llinatge	Núm. de topònims derivats
Segrià	119	943	7,92	134
Noguera	43	276	6,42	83
Urgell	46	242	5,26	48
Garrigues	35	227	6,49	31
Pla d'Urgell	5	26	5,20	7
Pallars-Aran	16	69	4,31	24
Alt Urgell	11	48	4,36	21
Solsonès	7	8	1,14	-
Resta Principat	103	641	6,22	19
Franja de Ponent	8	17	2,13	5
Autòctons Principat	393	2.497	6,35	372
País Valencià+Balears	148	501	3,39	-
Total Països Catalans	541	2.998	5,54	-
Castella	19	-	-	-
Aragó	4	-	-	-
Galícia	2	-	-	-
País Basc	8	-	-	-
Origen resta d'Iberia	33	-	-	-

2. POSTVERITAT I MALS AVERANYS DEVASTADORS

2.1. ENDERROC DEL RECINTE FUNERARI DE *SANT ANASTASI*

Pel que fa al departament contigu de *Sant Anastasi* fou començat a obrar pels volts de 1844, i per tant, era el primerenc i més antic de tot el recinte funerari, però 162 anys després, o sigui l'any 2006 i previ decret de l'*estat de ruïna* decretat cinc anys abans, queien arrasats els seus 1.316 nínxols adossats als murs perimetrals de tancament, així com la galeria continua i porticada, embellida amb arcades de mig punt sostingudes per 329 pilastres.

Amb l'execució del procés d'enderrocament dels nínxols, l'empremta o senyal de la secció transversal arquejada de les seves *voltes* de *mig punt* restà estampada sobre els gruixuts murs perimetrals de tancament del recinte que els hi feien de respatller a tall de paret mestra de fons, com es pot veure en una de les imatges que s'acompanyen, cedida pel *Sr. Torrecillas* en data 1/11/2011, on també s'observa l'amuntegament caòtic de runa provinent de l'enderroc, compost bàsicament de materials terrosos cuits (maçoneria) esmicolats i peces trencades dels basaments petris de pilastres dels antics pòrtics. Perquè, a més de nínxols, també caigué per demolició la contínua galeria porticada amb arcades de mig punt sostingudes per més de tres centenars de pilastres al voltant del quadrilàter del recinte, deixant al terra tombada una filera residual d'alguns basaments prismàtics de pedra natural de les pilastres ender-rocades a manera de seients de les noves *marquesines* substitutives a construir.

I vet ací ara dues imatges més de l'enderroc. A l'esquerra, la paret situ-ada a la dreta de la *porta-arc* d'accés al pavelló contigu de *Santa Cecília*, amb els nínxols enderrocats el 12 de desembre de 2010, on el mur que es manté dempeus correspon a l'antic de tancament perimetral, el qual constitueix alhora la paret mestra que fa de respatller dels nínxols del bloc **G** de *Santa Cecília,* veient-se el vessant inclinat de teules de la co-berta a dues aigües d'aquest darrer bloc, així com els blocs paral·lelipè-dics de pedra natural de fonamentació dels pòrtics ja derruïts. A la foto de la dreta i al fons de la imatge la paret anterior dels nínxols enderro-cats i a la seva dreta un altre mur també de *Sant Anastasi* amb la petja deixada per les voltes dels nínxols un cop ja demolits.

2.2. COL·LOCACIÓ DE MÒDULS AUTOPORTANTS DE FORMIGÓ

Un cop enderrocars els nínxols originals, en el transcurs de vuit anys foren substituïts per altres 1.156 nínxols de nova construcció de tipus módul autoportant de formigó prefabricat de forma cúbica amb baix nivell de porositat, i en conseqüència exigeixen la incorporació d'un sistema arti-ficial supletori de filtració i d'evacuació dels subtils fluids emanats per les despulles i un dipòsit deshidratador de calç viva, ja que amb el pas del temps el CO_2 atmosfèric passa a través dels porus de la massa de formigó i produeix la carbonatació d'aquest. A més, amb altes humitats climàtiques, un formigó porós i de baixa densitat, perdria resistència mecànica i la hu-mitat penetraria aleshores provocant l'oxidació de les armadures de ferro.

Això de la porositat necessària per a l'evacuació de gasos i la mala olor ho tenien prou força clar paletes i mestres d'obra de l'època dels nostres rebesavis i vet-ho aquí que els contemporanis moderns n'han caigut en l'oblit a partir dels anys seixanta amb la generalització a tot drap del formigó, material més econòmic, però amb un temps llarg d'adormiment i d'enduriment progressiu de setmanes, a banda de menys durabilitat, ja que la prolongació d'aquesta depèn de que sigui baix el nivell de porositat per tal de no minvar-li resistència mecànica al ventall d'esforços o pressions a suportar, per bé que aquesta manca de porus obliga a incorporar-hi als nínxols el suara referit sistema artificial de filtració i evacuació de fluids, a més d'un filtre de carboni amb orificis nanomètrics per evitar l'entrada de microorganismes i molècules pudoroses. I si no temps al temps, car ja ho veurant ben poques generacions quant duren aquestes estructures prefabricades d'avui i els seus febles instruments depuradors per llevar agents molestos i malsans, enfront de la senzilla capacitat d'aireig de la maçoneria ceràmica, que en el cas de Sant Anastasi havia estat en actiu de l'ordre de set generacions.

Això, i malgrat que als anys seixanta el formigó augmentà les seves qualitats (de flexió, tracció, impacte, fissuració i barreja d'additius inorgànics), ens porta a desestimar-ne l'ús de mòduls de formigó prefabricat en la construcció de nínxols si es vol assegurar una durabilitat i amortització prolongades per la seva pròpia contradicció intrínseca, perquè a més nivell de 'porositat', com sería desitjable als efectes mortuoris, minva la densitat del formigó i per tant la seva resistència mecànica i permeabilitat, factors que condicionen la durabilitat prolongada del material constructiu, que demana pel contrari que hi hagi els menys porus possibles. Aquesta plena convicció ens ve refermada pel desastre esdevingut el 15 de setembre del 2017 en el cementiri de Montjuïc de Barcelona en haver-se ensorrat parcialment un bloc de 144 nínxols, segons sembla perquè els cossos o caixes dels nínxols estaven fets amb prefabricats de forma cúbica, i són els 68 que s'han desplomat comple-tament, mentre n'hi ha altres 24 que se'n desconeix encara l'afectació, 24 que no es van arribar a enfonsar i 28 més d'enderrocats per motius de seguretat. Algunes restes òssies van quedar al descobert i s'han barre-jat, havent de tenir que identificar-les mitjançant proves d'ADN i inhu-mar-les després en nombre de 63 en d'altres nínxols. Mal auguri, doncs.

Per altra part, atés que la superfície en planta tetragonal de ~113x72 m del departament de *Sant Anastasi* és d'uns 8.250 m², la densitat de nínxols per cada 100 m² de superfíie és ara de només ~14 nínxols/hm², quan abans era de 16 unitats/hm², és a dir, una reducció del 12,5% en paral·lel al fet de col·locar móduls només amb 4 nivells enlloc dels cinc que hi havien abans.

Pel que fa al desenvolupament de l'obra nova projectada en quatre fases d'execució, seguí aquest nombre de nínxols, calendari i inversió, inclosos altres costos econòmics addicionals d'urbanització del conjunt i rehabilitació de capella:

Fase	Nínxols	Calendari	Inversió €	€ per nínxol
1ª	216	2006-2010	720.000	3.333
2ª	192	2011	640.000	3.333
3ª	416	maig 2012	540.000	1.298
4ª	332	juny 2013	468.000	1.410
Totals	**1.156**	**2006-2013**	**2.368.000**	**2.048**

Acabada la seva instal·lació a mitjans del 2013 en les quatre fases d'exe-cució d'obra, tot comptat suposà una inversió fins a l'acabament de 2,37 milions d'euros, és a dir, una mitjana de *2.048 €* per unitat nínxol, incloses, però, altres obres complementàries, com ara rehabilitació de la capella, marquesines en substitució dels antics porxos i urbanització del conjunt. Ara bé, pel que fa al cost estricte pressupostat per cada nínxol en exclu-siva sembla que fou de l'ordre dels 1.298 euros per als 416 executats en la tercera fase.

Respecte a la col·locació dels mòduls de nínxols autoportants de for-migó prefabricat durant la 1ª fase a Sant Anastasi, cal fer advertiment que en varen aixecat un total de 108 nínxols en un temps rècord de 6 hores mitjançant dues grues de gran tonatge, tot i que en acabat calia la implementació en façanes i la instal·lació del sistema de filtratge i des-guàs de fluids emanats.

Una altra excusa imposada pel promotors d'estructures prefabricades de nínxols és que el seu freqüent format amb una amplària neta de 90 cm permet complir amb les dimensions exigides per l'art.48,1 del decret 297/1997 del Reglament de policia sanitària mortuòria vigent, fal·làcia que sens dubte venen als consistoris municipals, quan de fet el que diu literalment la citada llei en el seu 5è capítol és que les 'dimensiones mínimas internas de los nichos deben ser de 0,90 m de ancho' i s'agafen al fàcil i greu subterfugi o parany semàntic de tergiversar el concepte legal d"internes' pel de 'útils', atès que conceptualment intern vol dir tan sols 'situat endins, que obra a l'interior', ensems que entenent per interior l'espai comprès entre els seus límits, o sigui entre les parts extremes o frontera en què acaba l'àmbit d'una cosa i en comença una altra. Altrament dit amb rigor matemàtic, el conjunt de punts que separa l'interior d'un àmbit del seu exterior, de manera que qualsevol entorn d'un punt del límit fronterer té punts de l'interior i de l'exterior. Tornarem a parlar-ne arrel del decret de 'ruïna parcial' del pavelló de Santa Cecília.

Col·locació de mòduls autoportants de formigó prefabricat de 4 nivells a *Sant Anastasi*.

Tocant a la construcció de les *marquesines* en substitució de les galeries porticades anteriors i amb funció ara de permetre donar ombra o aixoplugar-se els visitants de les inclemències climàtiques mitjançant una coberta lleugera, s'optà per l'ús del formigó prefabricat i armat en la seva estructura, basada en una tipologia de *freda modernitat* (diría que de 'punt de parada de bus'), que juntament amb l'uniformisme decoratiu imposat i reglamentat per a les façanes dels nínxols, no és precisament l'entorn ni el marc més escaient a la riquesa monumental i més antiga ubicada en les quatre illes de l'espai central del recinte, i dubtosament s'adiu ni convida al descans en pau i a seure's en els paral·lelípedes massius de pedra natural disposats entre columnes, corresponents als basaments de pilastres anteriors enderrocades, aprofitats ara com a seients.

2.3. CONSERVACIÓ DE LES ILLES CENTRALS

A les quatre illes de l'espai central del recinte de *Sant Anastasi* hi ha quedat, però, una riquesa monumental que sobretot es concreta en els següents elements arquitectònics:

* Mausoleu aïllat de *Rodríguez de los Ríos* (segle XIX), amb cripta soterrània.
* Panteó cúbic de *Magí Llorens* (s. XIX i XX), decorat amb estètica neoclàssica.
* Panteó del *Comte de Torregrossa,* obra modernista de Francesc Morera i Gatell.
* Panteó d'*Enric Nuet, comte de Torregrossa,* donat a la *Paeria.*

2.4. DEVASTADOR PRECEDENT I ULTRATGE ALS SENTIMENTS

En escrit publicat al diari *Segre* de Lleida el dijous 12 de juny de 2014, i per tant en data relativament recent, la premsa local encara es feia ressò de la voluntat municipal d'evitar-ne la demolició dels nínxols de *Santa Cecília*, a diferència del que va succeir en els de *Sant Anastasi,* mitjançant la rehabilitació possible dels més antics, desocupats i/o danyats mitjançant una *'nova tècnica'* que permet reconstruir els seus perímetres interiors tot injectant-hi formigó. I encapçalaven la notícia així: '*Gran part dels nínxols més antics del cementiri municipal tornaran a tenir una segona vida i seran rehabilitats en lloc de enderrocats com va succeir amb els de* Sant Anastasi. I remataven la notícia així: '*El fet que s'opti per la rehabilitació en lloc de la demolició, farà possible compatibilitzar que hi hagi nous nínxols disponibles amb el fet de mantenir tots els que tenen la concessió vigent'.*

Paraules d'una postveritat que el vent s'endugué, perquè pel desembre de 2011 varen passar per la TV local el vídeo d'una entrevista d'aprop de 40 minuts de durada amb el Paer en Cap, *Àngel Ros i Domingo*, i l'arquitecte *Ferran Florensa*, en què des de la Paeria s'assegurava que *Santa Cecília* no seria enderrocada i quatre anys i mig després, el 28 de juny de 2016, es declarava l'estat de ruïna i la prohibició de fer inhumacions.

Malauradament, l'enderroc físic de Sant Anastasi anà acompanyat del desori, l'enrenou i el trasbals que es va crear arrel del trasllat desordenat i les denúncies per errades d'identificació de despulles mortals amb el tràfec d'exhumacions provisionals forçades, ultratges que afectaren la sensibilitat i els sentiments d'aquella part de la ciutadania que veu una forta càrrega de significat familiar perdurable en aquests espais sagrats funeraris.

Però al marge de la mala gestió operativa, hom també es pregunta si sent el recinte més antic de tot el cementiri calia realment el seu enderroc conculcant el respecte degut al seu indiscutible valor històric i patrimonial pel mer fet de ser la primera necròpoli civil de la ciutat. Pregunta que no té resposta sense conèixer l'estat real de degradació de la estructura arquitectònica, que a posteriori no puc jutjar en ordre a estanquitat i consolidació perquè ho ignoro, però en tot cas és evident que era una obra envellida de 162 anys i aixecada amb mitjans tècnics molt més rudimentaris que els emprats, per exemple, en l'època finisecular d'en Portusach amb intensa i innovadora activitat constructiva arreu fregant els origens del 'modernisme' català.

3. RUÏNA PARCIAL DE *SANTA CECÍLIA*

3.1. DICTAMEN DE RUÏNA PARCIAL I IMPUGNACIÓ

Amb data 28 de juny del 2016, l'arquitecte municipal de Lleida, Ferran Florensa i Mayoral, va lliurar al Paer en Cap, aleshores Àngel Ros Domingo, un dictamen sobre l'estat de degradació dels quatre blocs massius de nínxols amb galeria porxada frontal del departament funerari de Santa Cecília, informe tècnic que esdevindrà la mare dels ous del procediment administratiu engegat per al seu enderroc i que farcit d'inexactituds i vicissituds adverses i polèmiques s'ha allargat fins a la data de termini que clou el 28 de març de 2019.

Per fer-ne el seguiment desgranat del fal·laç contingut d'aquest informe tècnic, en lletra cursiva entre comes volades i precedida d'asterisc, donem còpia del text original del dictamen i a continuació després de vinyeta els comentaris i rèplica si s'escau, amb expressió entre claudàtor [] de les fonts i demés detalls informatius.

a) Descripció històrica de *Santa Cecília*
* *"Superfície total 6.725 m², data de principis del segle xx i tot i que es va ocupar possiblement abans de la guerra civil espanyola, cal tenir en compte que s'hi han efectuat enterraments fins a data recent"*.
- Segons planimetria sobre cartografia de l'*ICGC* són 6.525 m² Data no exclusivament de principis del segle xx, sinó de finals del xix, per cessió del terreny d'assentament el 1867, inici de construcció de nínxols i galeries el 1880-1881, amb projecte, autoria i plec de condicions facultatives de l'arquitecte municipal *Ramon Portusach* i amb primers enterraments des de 1881 fins a 1907.

* *"Quatre illes centrals on s'hi depositen alineats als carrers un nombrós ventall de panteons, tombes i sepultures la majoria d'elles de prohoms de la ciutat d'aquella època i avui dia quasi totes en un acceptable estat de conservació"*.
- L'antiguitat de panteons, tombes i sepultures de les illes centrals és gairebé moderna i només compresa entre 1930 i 1976, mentre

que el seu entorn de parets o blocs de nínxols porticats i sota galeries porxades amb riques arcades i capitells data de 1880 a 1907. Amb l'enderroc de nínxols i pòrtics estem privant les illes centrals, i la necròpoli sencera, del seu més antic 'entorn històric i clàssic' obrat a finals del segle XIX, que n'il·lustra sobre el context i el batec sensible i social d'aquella època. [Semblant dissociació constitueix, doncs, una vulneració del concepte mateix de conjunt històric tal com el defineix l'article 15.3 de la llei 16/1985, de 25 de juny, del Patrimonio Històrico Español, quan diu ésser 'l'agrupació de béns immobles que formen una unitat d'assentament, contínua o dispersa, condicionada per una estructura física representativa de l'evolució d'una comunitat humana per ser testimoni de la seva cultura'.

* "Files de nínxols lineals dividits en tres zones delimitades per les portes de pas, amb una alçada de cinc nivells i que suposen un total de 307 columnes i un total de 1.535 nínxols".

- En parlar de zones hauria estat millor referir-se als 7 trams de parets de nínxols designats A, B, C, D, E, F i G i quins d'aquests trams formen les 4 galeries de nínxols sota porxos objecte d'enderroc. De fet són 306 columnes i 1.531 nínxols.

* "Les dues zones més antigues equivalents a 385+380= 765 nínxols en total, incorporen un porxo de protecció frontal".

- Aquí hauria anat bé la descripció anterior per trams, ja que es refereix a les 2 zones més antigues que són les parelles de blocs amb galeria porxada A-B i F-G, si fa no fa amb el nombre de nínxols indicats, respectivament de 385 nínxols: el detall per trams el dóna en paràgrafs següents. Amb tot, s'insisteix en el caràcter merament subaltern dels porxos com a elements tan sols de protecció, i cap referència al seu valor històrico-artístic i arquitectònic.

b) Informe tècnic

* "Edifici tipus a base de columnes o files de 5 sostres de nínxols utilitzant parets de càrrega paral·leles i entre elles arcs de descàrrega a base de 'voltes a la catalana' amb rajola ceràmica, replé de terres d'anivellament i una solera de morter de calç en la formació de cada nínxol".

- Descripció correcte de la volta catalana pel que fa a arcs de rajola ceràmica, li falta dir però que són voltes dobles [art. 8è del Plec, capítol 1.12], de dos fulls de rajoles (dit també maó prim o fi) i que les parets de càrrega laterals o envanets són de peces de maó d'uns 15 cm de través, amplada o costat [art.8è. cap. 1.12], i pel que fa al rebliment de carcanyols amb terres com a material lleuger més aviat devia de ser amb morter i reble petri o ceràmic (fragments de maó, pedra, etc., barrejats amb morter), més que no pas amb terres [arts.8è i 9è, cap.1.12]. i tocant a la solera del nínxol segons l'art. 8è del Plec de condicions facultatives havia de ser de rajoles quadrades de 20 cm. de costat, de forma que amb 4 peces abastaven l'amplada neta de l'interior.

* *"Columnes o files tipus de nínxols construïdes a la manera tradicional formant 'costellars' a base de paret de càrrega de totxo ceràmic massís agafats amb argamassa per suportar arcs de volta catalana de rajol ceràmic com a sostre estructural sustentant de la solera del nivell superior".*

* Descripció correcta pel que fa a material de parets laterals de càrrega i de junt d'unió [art.8è. cap.1.12], així com de material de la volta amb rajol ceràmic [art.8è, cap.1.12] emprada com a sostre estructural i ensems de solera previ rebliment dels carcanyols, és clar.

* *"Entre volta i solera replenat de terres d'anivellament".*

* Més que no pas amb terres, el replenat de *carcanyols* més aviat es devia de fer amb morter com a material lleuger i amb reble petri o ceràmic (fragments de maó, pedra, etc. barrejats amb morter) [art.9è, cap. 1-12].

* *"Elements de cobertura del conjunt amb enxapat de rajol ceràmic amorterat per rebre teula àrab en sec".*

* Entenem que per enxapat vol fer referència a la disposició equivalent a les llates o barres prismàtiques de fusta emprades per a sostenir les corbades i comunes teules àrabs de ceràmica en les teulades inclinades de cada bloc en el sentit del vessant perquè entre cada dues hi descansin en canal, tot fent solc, les comunes teules àrabs de ceràmica [art.10è i 11è, cap.1.12], alhora encadellades, és a dir, ajustades amb d'altres tot fent-ne crestall per tal que encaixin entre sí, i que gràcies a la seva forma trapezial permet col·locar-les en filera capiculades una sobre l'altra, encaixant-hi perfectament. Per tant, resta clar que per rebre i disposar les teules es van fer servir originalment llates de fusta i no pas enxapat de rajol ceràmic, llevat que en l'arranjament subsegüent dels vessants de galeria *A* i *B*, que no de bloc estricte de nínxols, en època propera (probablement pels volts de 1986) s'hagués fet emprant realment enxapat de rajol ceràmic.

* Cal tenir present que la cobertura actual d'aquest conjunt funerari és mitjançant coberta a dues aigües, és a dir, amb dos vessants que es troben al vèrtex o *carener*, un cobrint els blocs de nínxols i l'altre els sostres de les galeries porticades [vegeu esfondraments en cap. 1.14].

- Pel que fa a vehiculació d'aigues pluvials res no diu el dictamen pericial, però si en canvi el Plec de condicions facultatives [art.*11è*, cap. 1,12] en afegir textualment que 'la canal que es forma a la part baixa es cobrirà amb planxa de zinc amb els seus corresponents desguassos o canalons a l'exterior'.

- Ara bé, és obvi que sobre els sostres de coberta d'aleshores no hi posaren, adherides o no, capes protectores d'aïllament impermeabilitzant contra humitats, mitjançant feltre de llana mineral de roca, enquitranat, planxes de poliestirè expandit, etc, la qual cosa sí que s'hauria de fer ara per tal de restaurar les cobertes, o tal vegada ja es va fer en la restauració de teulada dels blocs *A* i *B* probablement pels volts de 1986.

* *"Algunes parets laterals i el tancament de fons dels nínxols estan fets amb mur de toves i revocades interiorment i exteriorment amb morter de calç segons la forma tradicional de l'època".*

- Parets laterals de *'toves'* en l'interior dels nínxols ni algunes ni cap ni una, sinó fetes amb *envanets prims o* maons posats de través, de 15 cm de gruix [art.*8è*, cap.1.12 i plànol de planta] i arrebossats [art.*14è*, cap.1.12], atès que seguint l'art. 374 de les *'Ordenanzas d'Edificación'* de 23 /12/ 1864 de l'alcaldia de Josep Sol i Bertrán (1864-1873): 'Las paredes medianeras y de traviesa serán del género proporcionado a la buena estabilidad, sin que sea permitdo construirlas de *adobes*, tapias ni otros materiales análogos'. Per tant, totes les parets dels nínxols, tant laterals com exteriors de façana, són parets sòlides de *maó* com correspon a la seva condició d'elements estructurals.

- Pel que fa al tancament de fons dels nínxols, són els mateixos murs perimetrals del recinte, d'un gruix de 50 cm [plànol de planta, cap.1.13] i no crec que fossin de *tova*, sinó de *carreus*, com tampoc ho eren i són els de *Sant Anastasi* que no van ser enderrocats. A més, uns murs perimetrals de tancament tan importants havien de seguir necessàriament l'art.375 de les esmentades ordenances municipals, quan diu: 'Todo muro de fachada tendrà de silleria las primeras hiladas hasta la altura de 80 cm. que formarán su zócalo. El resto del muro podrá ser de silleria, ladrillo o mamposteria'. Ras i curt, res de toves doncs.

* *"Els edificis funeraris de les dues zones, disposen d'una porxada annexa amb una amplada total de 3,00 metres a partir de columnes i basaments de pedra artificial que suporten un teulat per protegir i embellir al seu moment la composició (actualmente en la zona F-G el porxo es troba semiderruït per esfondrament de la coberta)".*

- Columnes i basaments de les galeries porticades no són pas de 'pedra artificial', sinó de carreus de pedra calcària natural de les pedreres d'aleshores de l'Astó o Astor (partida despoblada del terme de Lleida al sud de Vinatesa), de gra fi homogeni i compacte, i sense coquera (o foradet de curta extensió en la massa de pedra), taques ni cap defecte que pugui minvar la seva resistència ni presentar mal aspecte (vegeu art.7è del *Plec de condicions facultatives*, cap.1.12).

- Com a finalitat de la porxada s'assenyala tan sols tímidament i com de passada les funcions de protecció i embelliment, però no el seu valor històricoartístic intrínsec en ésser un material llavorat i testimoniatge d'una època i d'un autor determinats, i de la cura amb en què es van llavorar pilastres i arcades nès les recomanacions que es fan en el Plec de prohibició absoluta de reparar amb peces supletòries les falles, trencadisses o defectes que per mala qualitat de la pedra o poca destresa dels operaris o per altra causa qualsevol pugui ocasionar-se.

* *"El sostre del porxo és de bigues de formigó armades amb ferro dolç i replè de terres en conformació de pendents per rebre encadellats ceràmics i teules. Coberta dels nínxols i de la porxada unificada amb un pendent del 15 % a base de teula àrab de cobriment en caiguda lliure d'aigües pluvials sobre l'espai central del Departament.*

- Vegeu més amunt, en parlar d'elements de cobertura del conjunt [arts.10è i 11è, cap.1.12 i 1.14]. A destacar que el tècnic dóna per ben establert que nínxols i porxada tenen una 'coberta unificada', o sigui que formen una unitat estructural arquitectònica, però sembla ignorar que hagués estat restaurada en data incerta, substituint la inicial original amb una única inclinació per una altra d'actual a 'dues aigües'. No en fa tampoc cap referència a sistemes de desguàs per canaleres o canonades d'abocament vers l'exterior, tot diferenciant entre els anteriors vessant sota cornisa i els actuals al damunt, ni òbviament a les planxes de zinc per cobrir les canals que es formen en l'extrem més baix del vessant, tal com diu el Plec de condicions facultatives, sistema però que fou canviat amb la restauració de teulades a base de dues aigües [cap.1.14], circumstància d'altra banda totalmente ignorada o no referenciada pel tècnic. Respecte a si la inclinació de la coberta actual està feta, com diu l'informe, amb rebliment de terres, cosa inusitada i molt dubtosa, no en tenim cap constància fefaent, però més aviat creiem que el pendís es feu mitjançant cavalls o llates de fusta o ferro en forma de triangle i bieles o costelles entre cavalls o llates.

En tot cas, el pendent de cada vessant de coberta sobre porxo i bloc massís de nínxols és del 16,0 % [segons es dedueix de les fotos de la secció terminal del bloc **B** mostrada en pàg.30 i cap.1.14] i això fa que tingui uns 45 cm de llarg l'alçada recrescuda de la paret de façana dels nínxols que, tot exercint en funció de tirant estructural d'una hipotètica encavallada, també fa de paret vertical consecutiva a tall de *'monjo* o *pendeló'* que uneixi vèrtex o carener, on es troben els dos vessants, amb la imaginària línia horitzontal de la paret frontal del bloc de nínxols al nivell immediat per sobre del sostre de la darrera fila.

*"*Paviment de la porxada en general a base de solera de formigó* 'in situ' *i la protecció de la façana exterior de la columna de nínxols es resolt a base d'un revoc de morter de calç tapant les boques dels nínxols amb làpides de marbre i en alguns casos incloent porta de vidre i fins i tot de fusta".*

- Cap referència a la solera de la galeria feta de rajoles conegudes amb el nom de *'quadrats'* i col·locades amb la disposició que es descriu en el Plec de condicions facultatives [art.*12è*, cap.1.12].

- Façana exterior o frontis de les parets de nínxols, i no només aquests frontis, ans també les parets interiors de la volta dels nínxols, *'arrebossades i emblanquinades'* amb una capa de calç o guix diluït en aigua [art.*14è*. cap.1.12], a l'igual que els primers 30-40 cms de l'embocadura o *'boca'* dels nínxols, el *'cel ras'* dels pòrtics i la part interior del mur o *'entaulament de capçalera'* de les galeries per sobre de la tirallonga d'arcs.

c) Patologies detectades

* *"En general l'estat de conservació del Departament que ronda els 100 anys d'existència i sense manteniments periòdics, es troba en un pèssim estat de conservació amb nombrosos esfondraments de la coberta degut a la seva inadequada pendent que al cap del temps ha provocat erosions greus en la conservació interna i externa dels blocs de nínxols* (fotos 3-4-5-6)".

- L'existència del departament en la part afectada no ronda pas els 100 anys, sinó entre 139 i 112 anys. D'acord amb la manca de manteniments periòdics, però cap referència a que l'esfondrament de cobertes de galeríes només afecta els blocs **F** i **G**, [cap.1.14], l'arranjament de les quals restà suspès, si més no, des de l'any 1996 pel cap baix, contràriament a la restauració que sí que es va completar en els blocs **A** i **B** amb data probable pels volts de 1986 i ara en veiem els resultats positius de la restauració en *'teulades'* i *'cel ras'* d'ambdues galeries.

- A instància d'Urbanisme-Equipaments i sota el títol alarmista d'encapçalament 'Diversos nínxols de la part ruïnosa del cementiri ja s'han esfondrat', el diari Segre publicà amb data 17/06/2017 un article que contenia algunes imprecisions en el relat que convenia puntualitzar amb rigor mitjançant un altre escrit de rèplica que el diari no va publicar. Vet ací en cursiva algunes perles, i entre el signe ortogràfic claudàtor [] la rèplica no publicada:

- **c1)** 'el bloc de nínxols per sí mateix està molt danyat'. [Foto i text pàg. 32 i cap.1.15 – L'esfondrament no ha tingut lloc ahir ni tampoc abans d'ahir, sinó que com podeu observar en l'ortofoto aèria de les teulades **F** i **G** corresponent a un vol de 2009, aleshores ja s'hi descobrien quatre parelles de petits esvorancs: una a la teulada **G,** dues en el tram confluent en xamfrà **G-F** (que tanmateix no apareixia en l'ortofoto en blanc-i-negre de 1996 que encapçala el propi dictamen pericial de la Paeria) i la darrera en la part final de coberta del bloc **F** que sí existia ja en aquesta foto de 1996, amb uns forats doncs que durant 21 anys no s'han reparat i que ara són part de l'argumentari per a una declaració de ruïna. Vergonyós! Però això, en termes de porporcionalitat o ponderació global, ¿a quantes columnes de 5 nínxols afecta realment?

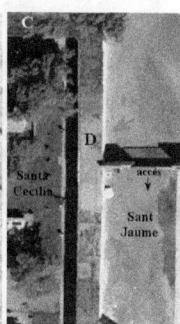

Xamfrà F-G   Foto del diari Segre de data   Paret D
17/06/2017

I per què es silencia el bon estat de la resta de teulades dels blocs **A** i **B**, les quals es van arranjar en data incerta tant en nínxols com sobretot en galeries, així com refet el sostre de cel ras d'aquestes? Sisplau feu la comparativa a ull nu de les teulades dels blocs més antics (**A-B**) i dels que fa menys temps obrats (**F-G**), aquests, però, amb la dissort d'haver

79

suspés des de fa una vintena d'anys pel cap baix els treballs de restitució de la coberta sobre ambdues galeries].

- **c2)** '...on fins i tot creixen arbres' [Fotos i text pàg. 32-33. L'arbre que es veu ufanós a la foto de la dreta publicada pel diari ésta dret i palplantat a uns 28 metres de distància de la cruïlla de teulades **F-G**, gairebé a la meitat de distància en direcció a la capella del fons i a fora de l'àmbit del pavelló de Santa Cecília].

- **c3)** 'Els materials en què es va edificar aquesta àrea, a finals del segle XIX, eren senzills i amb l'escàs manteniment que han tingut no han resistit'. [Els materials estructurals eren de terra cuita, o sigui de maó i teula, encara emprats avui a dojo com a elements estructurals prou massius i consolidats, i la prova és que en el cas que ens ocupa han aguantat si més no fins a entre 139 i 112 anys].

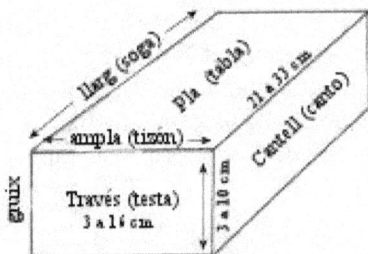

Tipus	Mides en *cm*
Maó mitjà	29 x 14 x**3**
Maó de quart:	29 x14 x **4,5**
Maó ordinari	29 x14 x **6** o **5,5**
Pitxolí o melindro	29 x 14 x **10**
Maó totxana	29 x 14 x **10,5**
Maó prim o rajol	29 x 13 x 2

- **c4)** Pel que fa 'a l'altra zona de la coberta de Santa Cecília que s'ha ensorrat'. [Doncs, efectivament correspon a Santa Cecília però no pas a cap de les 4 galeries porxades afectades pel decret de ruïna, sinó als nínxols del bloc **D** on hi podeu identificar l'indret en ambdues fotos pel petit enllosat rectangular que sobresurt cap enfora de la vorera a la meitat del paviment d'aquesta].

* Ara bé, però si es vol continuar fent comparatives amb representacions gràfiques de més teulades d'altres recintes del cementiri, gairebé totes amb ortofotos aèries de l'Institut Cartogràfic i Geològic de Catalunya (ICGC), descobrireu astorats que hi ha molts altres indrets encara amb estat més extensament ruinós. Vegeu fotos de teulades dels recintes de St. Miquel, Sta. Maria, St. Jordi i altres [pàgs. 32-33-cap.1.15]

d) Estructura de les voltes i murs de càrrega

* *"En general, se observen a* 'simple vista' *algunes patologies estructurals greus en l'estabilitat dels murs de càrrega amb erosions i ruptures parcials, tot i que el seu estat suposa en general un perill relatiu en l'estabilitat del conjunt".*

- Sorprèn l'observació a 'simple vista'. També l'ambigüetat segons la qual les patologies estructurals siguin greus, però en canvi només generen un 'perill relatiu en l'estabilitat del conjunt'. Els blocs de nínxols són compactes, estables i la seva verticalitat no ofereix cap risc d'ensorrament. Aquest, si de cas, es circumscriu a tres o quatre columnes amb els seus nínxols superiors directament més afectats per un esvoranc de coberta en haver-se'n desprès o desplomat una part.

* *"Actualment per efecte del temps i de l'erosió, moltes voltes sustentants dels nínxols recolzades en les parets de càrrega han cedit parcialment o han perdut la seva capacitat sustentant provocant en alguns casos l'esfondrament dels sostres horitzontals i debilitament de les parets verticals creant un col·lapse de la zona interior dels nínxols* (fotos 7-8-9 i 10 de la pericial del tècnic).

- No moltes voltes, sinó que només sabem de l'esfondrament parcial d'un parell de columnes verticals de nínxols en el racó de trobada escairada o en xamfrà d'ambdues parets de nínxols *F* i *G*, afectant potser, respectivament, les columnes dels nínxols 1365 a 1375 i 1376 a 1386. Esfondrament no degut per efecte del temps ni de l'erosió, sinó més aviat per un o més esvorancs en el vessant de coberta dels blocs de nínxols del racó axamfranat en haver-se'n desprès un tros per infiltracions pluvials a manca de prou impermeabilització i per degradació de juntes en teulades a dues aigües [cap. 1.14], que podrien haver afectat les columnes corresponents pel que fa a les seves voltes de cobertura superiors destinades a actuar en funció de *forjat de pis*. D'altra banda la causa última és no haver reparat mai la teulada [cap. 1.14].

- Un altre punt molt probable d'esfondrament parcial correspon aproximadament al parell de columnes 1207 a 1218 del bloc *F*.

81

e) Coberta en zona de nínxols

* *"A causa de l'insuficient pendent de la coberta s'han produït amb el temps nombroses retencions d'aigua de pluja que a l'originar el creixement de brots de plantes i han acabat per malmetre la protecció de teules i solera de la coberta que al perdre l'estabilitat estructural s'han acabat enfonsant i precipitant-se sobre el sostre immediat de cada sostre de nínxols (foto 15 de la pericial del tècnic)".*

- La foto 15 acompanyant la pericial no correspon al que es descriu, és a dir, a la zona de nínxols, sinó a la de porxos, i tampoc sembla tractar-se de cap de les galeries *F* i *G* actualment sense sostre per altres raons, segons les quals es van suspendre fa més de *21* anys els treballs per restaurar-ne el seu mig vessant de coberta i el sostre de galeria corresponent, havent col·locat provisionalment uns suports de biguetes metàl·liques (de ferro) de secció en doble T, disposades horitzontalment amb els dos extrems recolzats i encastats: un al capdamunt de la paret de façana dels nínxols amb una peça de reforç triangular en *cartabó*, i l'altre directament al fris dels pòrtics, tot plegat en evitació d'un eventual desplomament de la sèrie de pilastres i arcades, que sortosament encara resten dempeus. En canvi, la foto de l'informe tècnic mostra unes biguetes de fusta no llavorada ni afaiçonada i sense *cartabó*, sustentant un *llenç* sembla que de teixit o altra matèria, així com uns nínxols que semblen no correspondre a les indicades parets *F* i *G* actualment amb *perfils de ferro* [pàg.31 – cap.1.15].

Foto 15 de la pericial

* *"En altres indrets la pobra i extensa varietat de materials emprats al llarg del temps en la construcció de les cobertes del bloc funerari en general (teules, plaques d'uralita, rajoles ceràmiques, etc.) i la seva posterior i successiva destrucció per part dels elements atmosfèrics, han provocat la total pèrdua d'impermeabilització primer de moltes zones de l'edifici funerari i tot seguit l'enfonsament total o parcial posterior que fa pràcticament impossible reparar-la, tot i la col·locació d'una coberta protectora".*

- Això últim de la coberta protectora avala que es tracta de la fotografia d'unes altres galeries, però no pas de les velles i ja enderrocades de Sant Anastasi, perquè els nínxols d'aquestes eren d'arcs de mig punt i no les voltes a la catalana de la foto, per bé que també podria ésser una solució interina amb rudimentàries biguetes de fusta abans de la ulterior amb perfils de ferro. Embolica que fa fort, tot i que en general torna a insistir en l'acció destructora dels agents atmosfèrics com a causa primordial de la pèrdua d'impermeabilització de cobertes.

f)   f) Coberta en zona perimetral de porxos

* *"Si bé l'actual porxo que queda en peu es manté en bon estat de conservació degut principalment a la disposició dels elements estructurals de suport, la contínua erosió i humitat dels elements de cobriment ha acabat per malmetre els elements de cobriment de teules, bigues i maons posant en perill la seva capacitat sustentant i cedint tanmateix sobre la façana interior del nínxols (foto 16 de la pericial del tècnic)".*

- Embolic en l'exposició que no aclara, d'una banda, que la disposició d'elements de suport amb biguetes de ferro fou un intent llarg temps provisional i malauradament inacabat i suspès per evitar el desplomament de la tirallonga d'arcades i pilastres només circumscrit a les parets *F* i *G*, i no pas a les *A* i *B* restaurades temps enrere. I, d'altra banda, no hi ha cap relació en què la caiguda i desaparició de la coberta i sostre de les galeries *F* i *G* hagi condicionat la capacitat sustentant de les respectives *parets interiors de façana* dels nínxols, prou massises i sòlides, que de fet són les que mantenen dempeus la sèrie d'arcades i pilastres que en depenen.

g)   Façana interior dels nínxols

* *"En general s'aprecia una gran degradació en l'estat de conservació de la façana exterior dels nínxols pel que fa a caiguda de revocs, erosions en les voltes estructurals de maons i en la mamposteria ceràmica per pèrdues d'alguns elements amb caigudes i trencament de làpides. A més a més del revoc superficial que caldria reparar o substituir en la seva totalitat, els*

paraments de càrrega han perdut en general la seva capacitat sustentant i hom creu molt difícil i costós la seva reparació i rehabilitació (fotos 11-12-13 i 14 de la pericial del tècnic municipal)".

- Correcte la degradació produïda per despreniment d'arrebossats, presentant alguns *fissures en superfície* i algunes voltes amb enrajolats trencats, si més no per sobre de làpides, tot i que no se n'ha inventariat en quin nombre o percentatge de casos. Tot plegat per diverses causes, com aquestes més freqüents:

- **g1)** Envelliment de l'estucat pel pas del temps, havent-se esgotat la vida útil, a banda de patir agressions per altres factors, com els següents:

- **g2)** Moviments de dilatació i contracció degut a canvis tèrmics de dia-nit i estacionals, i dilatacions diferencials dels elements que els componen, que fa que l'estuc es desprèn de la seva base, s'esquerda i es disgrega amb la qual cosa permet l'entrada d'aigua, que n'accelera la degradació.

- **g3)** El creixement d'espècies vegetals i l'acció de les arrels en ressalts i irregularitats dels paraments, provoca l'acceleració de la degradació. Ja hem deixat dit de bon principi que just en el punt on s'acaba el cel ras del bloc **A**, passada la porta-arc d'entrada, i d'altra banda acaba el bloc **G** ja sense teulada ni cel ras, hi ha brostat una branqueta novella de figuera.

- **g4)** Filtracions d'humitat per capil·laritat en el sòl i sostre pel contacte directe amb l'aigua de pluja, tot i que sortosament la topografia dels murs de tancament del recinte és plana i no afecta el subsòl de la base dels murs i tampoc s'acusa en la vora inferior d'aquesta.

- Respecte als muntants verticals i laterals de càrrega de maó, difícilment han pogut perdre la seva capacitat sustentant, i caldria també inventariar-ne el número de possibles casos en què això pot haver-se donat, tot i que molt rarament i sobrevingut de forma fortuïta o incidental.

h)   Façanes exteriors del porxo

* *"La façana exterior del porxo que està formant arcs ornamentals i suportada sobre pilars a base de peces de pedra artificial (o de pedra natural en alguns casos), cada 5,00 metres agafats amb morter de calç, incloent uns petits capitells de pedra artificial rematat amb una llinda suportant de les bigues de coberta es troba en un acceptable estat de conservació però la seva funció queda obsoleta pel mal estat dels elements de cobertura del*

porxo que caldria substituir i de costosa reparació (foto nº 1 de la pericial del tècnic)".

- Totalment menystingudes les façanes exteriors dels porxos no només pel que fa a les seves descripcions i característiques, sinó sobretot al seu valor arquitectònic, ornamental, artístic i d'entorn o context per a les illes centrals de mausoleus i tombes.
- Columnes i basaments no són pas de pedra artificial, sinó de carreus de pedra calcària natural de les pedreres de l'Astor, de gra fi homogeni i compacte, i sense *coquera*, materials que han estat llavorats per picapedrers del país i que són testimoniatge d'una època i d'un autor determinats [art.7è – cap.1.12]
- En total hi ha 53 pilastres o pilars (en falta una d'enderrocada arran d'haver obert porta de pas cap al recinte de *Sant Josep*) i 49 arcades i mitja. El basament de pilastres també és de pedra natural i de secció quadrada de 50 x 50 cm amb supressió d'escaires vius tallats en petit xamfrà. I damunt el fust de secció 40 x 40 cm també moderadament enxamfranat dels caires, restant un ampla net de pas en la galeria porxada de 2,80 metres fins a basament de pilastre, mentre que la separació de basaments entre dues pilastres d'un mateix arc assoleix els 2,10 m, llevat de l'arcada central de la porta-arc d'accés des de *Sant Anastasi*, que ès de 2,48 m d'amplada [pàg. 39 – cap.1.19].
- D'altra banda, contradiccions de l'informe pericial per reconèixer el seu acceptable estat de conservació, però en canvi no es fa cap al·lusió concreta sobre quins altres són aquests elements de cobertura de funció obsoleta, atès que són correctes en els blocs *A* i *B* de sostre restaurat i pel que fa als *F* i *G* almenys tenen assegurada l'estabilitat amb la ferralla sustentatòria provisional durant tants d'anys, pel cap baix 23 de comprovats.

i) Condicions de salubritat i higiene de nínxols i dels edificis funeraris

* *"A banda de les patologies assenyalades s'observa en general un lamentable estat de conservació i deteriorat manteniment de les làpides, moltes d'elles absents, així com el revestiment de la cara exterior dels nínxols amb manca greu de salubritat desfigurant fins i tot el text de referència i data del seu enterrament que resulta impossible d'identificar* (fotos 11–12 i 13 de la pericial del tècnic).

* *Cal ressenyar que més del 60 % de les làpides funeràries no hi són o donen a entendre el seu estat d'abandó, bé perquè s'han extingit els paren-*

tius de la família del difunt o bé perquè aquests se n'han desentès absolutament del seu manteniment".

- Tot plegat qüestions menors que res tenen a veure amb l'estabilitat estructural del conjunt, sinó en l'estètica, nomenclatura, decoració i estat d'abandó pels titulars, pervivents o no. [al capítol 1.22, pàg.47 i seg., ja hem donat dades sobre característiques dels quatre blocs porxats *A, B, F* i *G* respecte de nombre de columnes i nínxols; titulars de làpides; nínxols en desús absolut; nombre de closos amb làpides o sense, o bé tapiats amb totxo i arrebossats; amb marc metàl·lic amb vidriera o sense; color, totxo vist o bé opacitat; grau de llegibilitat dels textos en inscripcions: ornamentació floral o d'altra mena; imatges religioses; anelles i argolles, etc]

* *"Cal remarcar també el mal estat generalitzat dels paviments i revestiments de paraments i enfoscat de parets frontals i laterals greument afectades per eflorescències i humitats provocades per capil·laritats del subsòl que malmeten totalment fins i tot les obres de reparació que s'han fet en fases posteriors a la seva construcció inicial* (fotos 1 i 2 de la pericial del tècnic municipal)".

- Sense comentaris. No és un motiu que meni cap a l'enderroc, sinó vers el manteniment periòdic que no s'ha fet.

j) Disfuncionalitat normativa de les mesures útils dels nínxols

* *"Tenint en compte les actuals mesures interiors dels nínxols de tot el Departament amb una amplada de 0,80 m., una altura de 0,60-0,80 m. i una fondària màxima de 2,50 m., es dedueix la impossibilitat física de la seva reutilització que impedeix normativament la legalització dels mateixos si tenim en compte el que preveu l'article 48.1 del Reglament de Policía Sanitària-Mortuòria segons Decret 297 de 1997 que fixa unes dimensions mínimes* **'útils'** *de 0,90 d'ample, 0,75 d'altura i 2,60 de profunditat en tots els casos sense excepcions. Les dimensions actuals i la disposició dels nínxols segons l'alçat que s'adjunta fan impossible adaptar les mesures mínimes i complir l'article esmentat tal com es pot comprovar* (inclou grafisme)".

- De *bon antuvi* l'article 48.1 del Reglament citat diu literalment *'les dimensions* mínimes **internes** *dels nínxols'*, no pas les **'útils'**, i conceptualment intern vol dir tan sols *'situat endins, que obra a l'interior'*, ensems que entenent per *interior l'espai comprès entre els seus* límits, o siqui entre les parts extremes o frontera en què acaba l'àmbit d'una cosa i en comença una altra. Altrament dit amb rigor matemàtic, el conjunt de punts que separa l'interior d'un àmbit del seu exterior, de manera que qualsevol entorn d'un punt del límit fronterer té punts de l'interior i de l'exterior [cap.1.18].

- En *2n lloc*, les mides interiors s'han de medir a l'interior del nínxol, no a l'exterior on hi ha els muntants gruixuts de càrrega de maó, sinó a dins, entre els envanets posats al través que separen un nínxol dels altres de cada costat, i que segons el plec de condicions facultatives ara sabem que fan *15* cm, de manera que 7,5 cm de cada banda més els *80 cm* d'espai interior, fan els 95 cm de mitjana obtinguts per altres càlculs [cap. 1.18].

- En *3r lloc*, si les mides no són correctes, l'any 1998 d'entrada en vigor del Reglament la corporació municipal de torn va disposar, segons l'única Disposició transitòria de la llei, del termini d'un any per tal d'adaptar-se a les previsions contingudes en ella, cosa que no es va fer aleshores ni en els 22 anys transcorreguts sense haver-s'hi adaptat i seguint inhumant cadàvers de forma reiterada. O és que realment complia amb les mides reglamentàries i no calia aprofitar l'any per ajustar-se a les previsions?

- En 4r lloc, les mides que mostrem en les pàgines 37 a 39 d'aquest libre s'adapten plenament a la normativa figurada en l'article 78 del Reglamento de la Junta Administrativa de los Cementerios Generales de Barcelona, contemporani de l'època en què es començaren a obrar el nínxols de Santa Cecília, i on es diu literalment 'Los nichos que se construyan deberán tener once palmos de largo, cuatro de ancho y tres de alto', o el seu equivalent respectiu de 2,563 m., 0,932 m. i 0,699 m., atès que llavors era vigent al Principat de Catalunya el pam de 23,3 cm, equivalent a 1/12 part de la cana de destre de Barcelona que equival a 2,796 m. Tant és així, que de fet el Reglamento barceloní d'abans de la seva edició lleidatana de 1887, fou el precedent legal del Reglament de Policía Sanitària Mortuòria de 1997.

- En 5è lloc, tot l'exposat invalida l'argument emprat per l'Ajuntament quan diu que els nínxols no compleixen amb les mides mínimes útils. I vegeu en el plànol del capítol 1.9 i en el capítol 1.16 les comprovacions fetes en base a l'amidament de parets enteres en coordenades UTM tenint en compte el nombre de columnes de nínxols o bé la fondària entre parets mestres de façana i perimetrals de recinte, així com les mides a escala de nínxol-tipus tapiat aixecat l'any 1888 amb volta catalana de dues capes de rajola i murs laterals de càrrega de maó.

3.2. CONCLUSIONS DE L'INFORME PERICIAL I IMPUGNACIÓ

a) La reparació de l'edifici és de difícil realització pels mitjans normals (art. 80 del DL 64/2014 del 13 de maig)

"Donada la naturalesa, el poc espai entre nínxols i l'ús dels edificis on barrejat amb la runa s'hi troben previsiblement les restes cadavèriques dels nínxols, és del tot impossible la seva reposició i reconstrucció per mitjans normals, sent extremament dificultós tan la neteja i extracció de la runa com la reconstrucció dels nínxols desfondats".

- Si parlem de *mitjans normals*, és evident que avui en dia és més fàcil la construcció de nínxols mitjançant blocs prefabricats de formigó pretesat col·locats mitjançant grues de gran tonatge, que no pas anar repassant un per un 770 nínxols per mitjans diguem-ne que *manuals*. Però si es tracta de nova construcció al seu cost del producte prefabricat i de la seva instal·lació cal afegir-hi el cost d'un enderroc previ dels blocs de nínxols vells per disposar d'espai on col·locar els nous, operació força delicada, costosa i que requereix també de mà d'obra manual per al tràfec que comporta d'exhumacions i *reinhumacions* i no diguem si, a més, es vol preservar el patrimoni cultural indiscutible de la tirallonga de galeries porxades i *evitar-ne el seu desplomament* en derruir les sòlides parets de càrrega en façanes dels nínxols sustentadores de l'estabilitat dels propis porxos, ja que de fet el *binomi nínxols-pòrtics* és una indiscutible *unitat estructural arquitectònica compacte i indestriable* des del seu mateix origen en projecte i execució, tal com es desprèn de la primera reclamació de data abril de 1881 per part del contractista que l'havia obrat i a qui se li negà l'abonament d'obra en escreix per entendre que en el preu unitari pressupostat de 72 pt. per cada nínxol ja s'hi incloïa a més dels *nínxols* pròpiament tals, les parts alíquotes per la *galeria porticada, teulada, cel ras i paviment de galeria i murs de tancament* segons va sentenciar l'arquitecte provincial Celestí Campmany (vegeu capítol 1.8). I si és una unitat estructural arquitectònica evident i no pas dos elements independents, la jurisprudència del TS en *sentència de* 10 de maig de 1991 determina *no vinculants els informes tècnics municipals* de ruïna parcial en immobles que constitueixen *una unitat constructiva o un conjunt arquitectònic si una part o cos del mateix arrossega i posa en risc la subsistència de l'altra part o cos restant.*

b) El cost de la reparació supera el 50 % del valor de construcció de l'edifici (art. 81del DL 64/2014 del 13 de maig)

"Resulta demostrat en aquest estudi que la diferència en el valor de la suposada construcció d'una fila de nínxols de l'edifici funerari i el cost de la seva reparació superaría quantitativament en molt més del 50% la diferència, sent fins i tot superior el cost de la reparació. A més a més, cas de que fos possible, la tasca de reconstruir les zones afectades és tan delicada i d'extrema dificultat per ser totalment manual que la seva execució independentment dels costos, resultaria en escreix amb material i mitjans moderns d'iguals dimensions, més complexa que l'execució d'una edificació de nova planta".

Reparació segons Pericial Decret de ruïna – juny 2016					
columna	1 unt	6.335,56 €	1/5	1.267,11	110,5 %
Cost construcció de nou segons Pericial Decret de ruïna – juny 2016					
columna	1 unt	3.962,00 €	1/5	792,40	69,1 %
Pressupost 84 nínxols recinte Na. Sra.Montserrat – juliol 2016					
nínxol	84 nínxols	96.364,26 €		1.147,19	100 %

- El cost unitari per nínxol de *construcció nova* el rebaixa a 792,40 €, quan en el recinte de *Nta. Sra. de Montserrat* els darrers nínxols obrats el juliol de 2016 tenien un *pressupost contractat* que pujava a 1.147,19 €. En canvi el *cost de reparació* l'apuja fins a assolir 1.267,11 €, quan el seu cost ajustat és 362,44 €, és a dir, un 31,6 % del de nova construcció, i en el pitjor dels casos de 461,4 €, o sigui, d'un 40,2 %. A més, ja hem deixat dit que cal tenir en compte que no es tracta de comparar entre *preus per unitat d'obra en reparació o nova construcció*, sinó de *preus mitjans referits a conjunts d'obra a executar realment i necessària*, atès que no tots els nínxols, ni teulades, ni parets, etc. es troben en les mateixes condicions i grau de degradació i, en canvi, *la nova construcció és totalment massiva i totalitària*, tant pel que fa a *l'enderroc previ* com en la *instal·lació, endreçat de l'entorn, extracció del voluminós runam i tràfec molt sensible d'exhumacions.*

c) Disfuncionalitat normativa de les mesures útils dels nínxols

(art. 48.1del DL. 297/1997 del Reglament de Policía-Sanitària Mortuòria)

"Tenint en compte les actuals mesures interiors dels nínxols de tot el Departament amb una amplada de 0,80 m, una altura de 0,60-0,80 m, i

una fondària màxima de 2,50 m, es dedueix la impossibilitat física de la seva reutilització que impedeix normativament la legalització dels mateixos si tenim en compte el que preveu l'art. 48.1 del Reglament de Policia Sanitària Mortuòria segons Decret 297/1997 que fixa unes dimensions mínimes útils de 0,90 d'ample, 0,75 d'altura i 2,60 de profunditat en tots els casos sense excepcions".

- Qüestió ja exposada i rebatuda més amunt en la pàgina arran del quart punt del dictamen pericial.

d) L'edifici presenta un esgotament generalitzat dels seus elements estructurals i fonamentals

"Les gravíssimes lesions en la coberta, sostres i elements sustentants estructurals dels nínxols presenten un esgotament generalitzat i irreversible de l'edifici. Tot i la irrellevància de declarar la ruïna imminent per la naturalesa de l'obra, si que cal fer constar el perill que es deriva cap a terceres persones (visitants) *conseqüència del mal estat generalitzat de la construcció".*

- Davant els riscos inherents que comporta una declaració de ruïna com la decretada el 30 de gener de 2017 i posada públicament de manifest mitjançant edicte al *BOP* i a la premsa local, van transcórrer les primeres *72 hores reglamentàries subsegüents* sense que ningú de la corporació municipal materialitzés físicament *in situ* l'obligat advertiment visual segons el qual es limita l'accés a la zona afectada del personal transeünt i visitant per a llur protecció física. Doncs bé, hom arriba llavors a la conclusió que l'estat de ruïna no és imminent i que no es tem cap desmoronament sobtat de sostres o parets. Però vet ací, que a mitjan mes de juny de 2017, passades si fa no fa 18 setmanes de la publicació del *decret de ruïna*, la Paeria es decideix a *encerclar de tanques amb llargues cintes de teixit o de plàstic i un avís de* 'danger' *l'àrea de passeig de les quatre galeries porticades*, com a advertiment de zona de risc i de ruïna imminent per a limitar-ne el trànsit de personal i hom es pregunta si en tan breu espai de temps ha pogut empitjorar realment l'estat ruïnós vehementment declarat fa cosa d'un centenar de dies enrere, o aquest no ho era tant com es pensaven, però ara els neguiteja que hom hi vulgui treure el nas per comprovar amb rigor el veritable estat de ruïna o no, d'un conjunt arquitectònic de finals del segle XIX que cal salvar i restaurar.

A les galeries dels blocs **G** i **A**   A la galeria del bloc **B**

e) Existeixen circumstàncies relatives a la salubritats que aconsellen l'enderroc dels edificis funeraris

"El demostrat mal estat de la majoria dels nínxols en el seu interior i l'evident efecte de la humitat per entrada d'aigua de pluja de l'exterior, amb aportació d'eflorescències en làpides i la greu erosió i deterioració de l'obra de fàbrica de les façanes, provoquen un estat de gran insalubritat del conjunt edificat i aconsellen l'urgent trasllat de les restes i l'enderroc de l'estructura edificada".

- Dir que la reparació i rehabilitació és inviable perquè llavors s'incompliria el reglament de *Policia Sanitària Mortuòria*, no només és una bajanada sinó de fet el subterfugi o parany intencionadament buscat per fer-hi entrar el dit reglament, introduint-hi així de retruc la no gens menyspreable possibilitat de l'enderroc *sense indemnització als perjudicats*, veritablement expropiats dels seus drets funeraris.

3.3. CONCLUSIÓ FINAL DEL DICTAMEN I DELS OPONENTS

* Del dictamen emès no sols es conclou clarament la RUÏNA ECONÒMICA dels edificis funeraris sinó també la ruïna TÈCNICA i NORMATIVA en no complir cap dels articles (cita els textos legislatius que fan al cas)... *per les pèssimes condicions en l'estat dels nínxols en general de recuperació irreversible, per la degradació en què es troben els elements constructius dels mateixos i per la precarietat del seu equilibri global i la impossibilitat física d'adequar-se a les mesures mínimes establertes pel Reglament que recomanen sens dubte l'enderroc del mateix i la inhumació de les restes cadavèriques a nou indret. I tot*

seguit declara la *iniciació immediata per Ofici del* Procediment de Declaració de Ruïna de l'edifici funerari...

- En canvi les **CONCLUSIONS** dels **OPONENTS** foren aquestes:
- **1r)** Que la corporació municipal reconsideri el seu posicionament envers la declaració de l'*estat irreversible de ruïna econòmica*, atès que la reparació de nínxols absolutament abandonats i sense titular conegut no només és viable tècnicament i atany de l'ordre del *60%* dels nínxols afectats pel decret de ruïna, sinó que el seu cost, tant unitari com global, en el pitjor dels casos és tan sols del *40,2%* del preu de nova construcció, i fins i tot encara menys si a aquest darrer si suma el cost de l'enderroc previ dels blocs de nínxols presumptament ruïnosos per tal de disposar de prou sòl funerari que ara no té en reserva.
- **2n)** Que tampoc encaixa en l'estat de ruïna normativa pel fet de complir amb les dimensions mínimes actualment establertes i amb les obligades pels reglaments funeraris de l'època en què s'inicià llur construcció a finals del segle XIX, segons es desprèn del propi plec de condicions facultatives del projecte arquitectònic de 2 de gener de 1882.
- **3r)** Que els dos elements constitutius de l'obra aixecada entre els anys 1881 i 1907, i que ara es vol derruir, formen un conjunt indestriable i únic, compost d'una banda pels quatre blocs de nínxols, executats amb la valuosa tècnica de la *volta catalana* i actualment els únics més antics de tot el cementiri; i d'altra banda, la llarga galeria porxada amb 51 *pilastres* i sengles *capitells* de perfil esbiaixat llavorats amb pedra natural de la partida lleidatana d'*Astor*, més les corresponents arcades dentades i uns relleus figuratius de rodes lobulades ornamentals en l'entaulament de capçalera que corona un conjunt d'estil clàssic historicista, tot plegat segons projecte de l'arquitecte municipal Ramon Portusach i Barrató (1846-†1915), ensems autor d'altres obres significatives de la ciutat de Lleida, malauradament també derruïdes.
- **4r)** Que en ser ambdós elements, *nínxols* i *pòrtics*, interdependents entre sí, no és possible cap declaració de *ruïna parcial* d'un element mentre que l'altra subsisteixi i, en conseqüència, ambdós elements han de córrer la mateixa sort, que no és altra que la seva preservació, conservació i reparació, ja que altrament es *dissociaria de l'obligat entorn dels monuments funeraris catalogats de les illes centrals ajardinades,* que per trobar-se situats només entre *3,24* i *4,66* metres de la façana de galeria porticada restarien ambdós elements privats del seu moltíssim més antic context

històric i clàssic obrat a finals del segle xix, que les enriqueix i n'il·lustra sobre el batec sensible i social de temps passats, expressats a través de la diversitat d'estils ornamentals i de pràctica memorial i devota envers els difunts, anònims o no. Semblant dissociació constitueix, doncs, una *vulneració flagrant del concepte mateix de conjunt històric* definit a l'art.15.3 de la Llei 16/1985, de 25 de juny, del *Patrimoni Històric* espanyol, com *'l'agrupació de béns immobles que formen una unitat d'assentament, contínua o dispersa, condicionada per una estructura física representativa de l'evolució d'una comunidad humana per ésser testimoni de la seva cultura o constituir un valor d'ús i gaudi per a la col·lectivitat'.*

- **5è)** Que en base als arguments suara exposats, s'insti a l'Ajuntament de Lleida a que procedeixi a la *derogació íntegra* del decret de l'Alcaldia emès el 30 de gener de 2017, i per tant, a l'anul·lació de totes les accions i efectes que de l'enderrocament previst dels susdits béns funeraris i de vulneració de drets de tinença, ús i propietat privada de nínxols, se'n poguessin derivar arreu de tot l'àmbit afectat del departament de *Santa Cecília*.

- **6è)** Que pel fet de merèixer una protecció i defensa especials, i perquè el recinte funerari de *Santa Cecília* pugui ésser gaudit per la ciutadania i transmès a les generacions futures en les millors condicions de preservació i manteniment, la corporació municipal de Lleida prengui el compromís ferm de dur a terme la tramitació de l'expedient administratiu corresponent per a formalitzar la declaració del conjunt de nínxols i pòrtics com a *Bé Cultural d'Interès Local (BCIL)*, amb l'informe favorable d'un tècnic en patrimoni cultural i, si s'escau, la subsegüent inscripció en el catàleg adient del *Departament de Cultura de la Generalitat*.

- **7è)** Que un cop derogat el decret declaratiu de l'*estat de ruïna*, es procedeixi a l'execució d'obres de reparació i rehabilitació de nínxols llarg temps desocupats i sense titular conegut en el suara referit departament funerari per tal de restituir-los al seu originari estat d'ús, així com la reparació d'elements constructius annexos deteriorats, com ara la impermeabilització de teulades, pavimentació i sostres de galeries porxades i arrebossat de façanes interiors.

- **8è)** Que es *mantingui la singularitat original en els dissenys d'aquest patrimoni* pel que fa a format, lloses, materials, textures, colors i altres ornaments d'embelliment i adorn, sense alterar-ne l'estructura i distribució, ni ocultar o modificar valors constructius o morfològics, respectant en tot la diversitat d'expressió en làpides i altres ornats, arcaics o no, i fugint de tota uniformitat estilística reglamentària.

- **9è)** Que com a alternativa viable de futur, i sense cap afectació o perjudici envers a drets de tercers per innecessaris, l'Ajuntament de Lleida inclogui en el planejament urbanístic la *reserva de sòl necessària i suficient* que destinada a Equipaments Comunitaris calgui *per a atendre adequadament l'ampliació de futur de l'espai funerari per als propers 25 anys*, tal com preveu preceptivament el propi article 45 del Reglament de Policia Sanitària, així com atesa la pressió demogràfica pel creixement urbà, malgrat l'augment progressiu d'incineracions i la prolongació de l'esperança de vida, factors ambdós que en rebaixen, o com a molt només retarden, la demanda anual d'inhumacions.

- **10è)** Que la solució del problema de futur del cementiri no passa pas, en definitiva, per l'enderroc, per quedar-nos només amb formigó prefabricat i estantarditzat i despullats de béns patrimonials arquitectònics històrics. Algú ha deixat dit que *el problema de les ciutats no és pròpiament el creixement urbà, sinó les plusvàlues del sòl i qui les acumula.*

4. EL DECRET DE L'ALCALDIA

4.1. EL DECRET DE L'ALCALDIA, ORIGEN DE TOT PLEGAT

En data *30 de gener de 2017*, per part de l'*Alcaldia* s'emet el Decret següent en extracte o selecció substancial:

* **Identificació de l'expedient**: Núm. *SP 121/2016*, de Salut Pública, relatiu a l'estat de les parets *A*, *B*, *F* i *G* del departament de *Santa Cecilia* en el Cementiri Municipal de Lleida.

* **Relació de fets i informes**: Decret d'Alcaldia de *28 de juliol de 2016*, prohibint els enterraments en les parets *A*, *B*, *F* i *G* del departament de *Santa Cecília*.

* **Dictamen pericial:** Emès el *28 de juny de 2016*, en el que es conclou la *ruïna econòmica, física i normativa* de les parets *A*, *B*, *F* i *G* del departament de *Santa Cecília*, per, entre altres coses, les pèssimes condicions en l'estat dels nínxols irreversible a hores d'ara, la degradació en què es troben aquestes zones de l'edifici i la precarietat del seu equilibri global.

* **Informe tècnic sobre últimes inhumacions:** De data *2 d'agost de 2016*:

- Paret *A*: *8 de juliol de 2015*.
- Xamfrà parets *A / B*: *2 de juny de 1964*.
- Paret *B*: *9 de març de 2016*.
- Paret *F*: *11 de juliol de 2016*.
- Xamfrà parets *F/G*: *20 de setembre de 1950*.
- Paret *G*: *1 de març de 2014*.
- I que segons la documentació que hi ha en el Registre de l'Ajuntament no consten inhumats cadàvers humans del *Grup I* (segons Annex Decret 297/1997, de 25 de novembre, del Reglament de policia sanitària mortuòria), ni que puguin representar un perill sanitari, almenys des de fa més de 5 anys, ni d'altres contaminats per productes radioactius.

* **Fonaments de dret:** Atès l'article 51 del Decret *297/1997*, de 25 de novembre (DOGC núm.2528, de 28 de novembre), pel qual s'aprova el *Reglament de Policia Sanitària Mortuòria*; el text refós de la *Llei d'Ur-*

banisme aprovat per decret legislatiu *1/2010*, de 3 d'agost i concordants del Decret *64/2014* del 13 de maig pel qual s'aprova el *Reglament sobre protecció de la Legalitat Urbanística; Ordenança del Cementiri de Lleida* Cap III, secció V i art.44 i 45 i altra normativa concordant i d'aplicació en aquest procediment de ruïna.

En ús de les atribucions que em confereix la legalitat vigent, en especial el previst en els articles 21 de la *Llei 7/1985*, de 2 d'abril, reguladora de les bases de règim local i 51 de la *Llei 8/1987*, de 15 d'abril, municipal i de règim local.

* **Resolc:**

1. Incoar i tramitar d'ofici l'expedient de *ruïna de les parets A, B, F* i *G* del departament de *Santa Cecília* del *Cementiri Municipal* de Lleida, practicant-se, si s'escauen, les gestions pertinents per esbrinar els titulars dels drets funeraris dels nínxols ateses les disposicions transitòries.

2. Posar de manifest l'expedient, amb els informes esmentats, a tots els titulars i beneficiaris de drets funeraris dels nínxols, als quals es considerarà part interessada en aquest procediment, d'acord amb l'article 51.1 del Decret 297/1997 abans citat, amb la finalitat que puguin formular al·legacions i presentar els documents i justificacions que considerin oportunes en defensa dels seus drets. Així com, si s'escau, als beneficiaris, hereus o afavorits, se'ls concedirà tràmit d'al·legacions previst en l'article 45 a) de l'Ordenança del Cementiri Municipal.

3. Fer públic l'expedient, mitjançant edicte en el Butlletí Oficial de la Província i la publicació en dos diaris almenys, d'entre aquells que tinguin més difusió, fent avinent que, d'acord amb l'art. 51.5 del Decret 297/1997 esmentat, la declaració de l'estat de ruïna dels nínxols comporta l'extinció del dret del seu titular.

* La qual cosa es fa pública als efectes esmentats en la part dispositiva del Decret, especialment a l'objecte de que qualsevol persona pugui examinar l'expedient i formular al·legacions a l'Oficina d'Atenció Ciutadana d'aquest Ajuntament, en horari de 9 a 14 hores, fins al termini de 20 dies hàbils següents al de la publicació d'aquest Edicte en el Butlletí Oficial de la Província. Lleida, 15 de febrer de 2017. L'alcalde, Àngel Ros i Domingo.

4.2. PUBLICACIÓ AL BOP

En data *1 de març* de *2017*, dimecres, és publica l'edicte al *número 42* del Butlletí Oficial de la Província de Lleida.

4.3. ELS DAMNIFICATS

El total de nínxols afectats pel decret de ruïna en els quatre blocs de nínxols a enderrocar, tots amb galeria porticada, i amb data de referència a *17 de maig* de *2017*, és de 761, amb el següent repartiment: 296 de titulars reconeguts i inventariats a l'Àrea de *Salut Pública* de la Paeria per haver-ne actualitzat la seva propietat o concessió, representant en conseqüència el *38,9%* del total. I una majoria d'altres 465 sense titular reconegut, és a dir, el *61,1%*.

Tanmateix, no tots els potencials damnificats presentaren manifestacions al decret de ruïna, tan sols un reduït grup del *12,1%*, i encara moltíssims menys al·legacions, amb un esquifit *1,45%*, segons es desprèn de la taula següent referida a cadascun dels quatre blocs:

Bloc de nínxols	Total de nínxols	Nínxols actualitzats	Manifestacions	Al·legacions
A	164	59	23	2
B	219	78	23	3
F	214	92	27	4
G	164	67	19	2
Totals	761	296	92	11
%	100	38,9	12,1	1,45

I vet ací ara la distribució dels 92 que han presentat manifestacions segons tipus de destí que prefereixen per a les despulles objecte d'exhumació, en referència a les dates compreses entre els dies 13 i 28 de maig de 2017, més una del 3 d'abril del mateix any.

Bloc de nínxols	A mausoleu comú	Trasllat a nínxol	Retorn al nou	Incineració	Altres
A	2	12	7	0	2
B	4	5	12	2	0
F	2	10	11	2	2
G	7	4	8	0	0
Totals	15	31	38	4	4
%	16,3	33,7	41,3	4,3	4,3

I com a dades complementàries afegir que el 72% dels titulars coneguts i actualitzats són *abstencionistes*, en tant que no es van posicionar. Respecte als 92 que optaren per presentar manifestacions, un 90% dels titulars actualitzats n'han assumit el decret de ruïna, i en canvi el 8% restant s'hi va oposar.

4.4. SEGON DECRET D'ALCALDIA

En data 4 de *desembre* de 2018 per part de l'*Alcaldia* s'emet el Decret següent en extracte o selecció substancial en relació a l'expedient *SP/121/2016·*

* **Vistos els antecedents**:
* *Decret de l'Alcaldia* de Lleida de data 13 de *desembre* de 2017.
* Expedient de *Salut Pública* de la Paeria núm. *SP/121/2016* sobre el departament de *Santa Cecília*, blocs de nínxols **A**, **B**, **F** i **G**.
* Els referents a la *part dispositiva* del decret anterior de data 30 de *gener* de 2017.
* Les *226 notificacions personals* cursades en data 3 de *març* de 2017 amb justificant de recepció corresponents als 296 nínxols actualitzats.
* Haver fet públic en data 1 de *març* de 2017 l'edicte al *número 42* del *BOP* de Lleida, fixant un termini de 20 dies hàbils per examinar l'expedient i formular al·legacions.
* Vist que el balanç final del nombre de titulars actualitzats que han presentat *manifestacions i/o al·legacions* ha estat de 113, que suposen ara, doncs, el 14,8% del total de nínxols i un 38,2% dels actualitzats.
* Atès que segons les consideracions formulades en les *manifestacions* i *al·legacions* aquestes podem reunir-se en els següents *grups*:
  a) 9 en petició d'altre nínxol del mateix nivel i/o algun tipus d'indemnització.
  b) 3 no haver acreditat prou la titularitat o la condició d'hereu o beneficiari a efectes de trasllat de despulles.
  c) 2 opositors a l'enderroc del departament.
  d) 4 insistint en l'obligació de fer manteniment del recinte i reparació de danys.
  e) 1 reclamant els seus drets a perpetuïtat sobre la sepultura.
  f) 11 sol·licitant la derogació del decret per tractar-se d'un bé protegit urbanístic i d'interès patrimonial.
  g) 113 en general per manifestar-se respecte del trasllat de despulles i recollida de làpides.

* Ateses les '*desestimacions*' següents per a cadascun dels grups anteriors:
  a) No es poden reconèixer drets econòmics posteriors a la declaració de ruïna segons l'art. 51.5 del decret 297/1997.

b) Hauran d'acreditar títol per qualsevol mitjà legal a efectes de trasllat de despulles, però en cap cas això invalida i suspèn el procediment.

c) Les 4 parets a enderrocar han exhaurit la seva vida constructiva en les condicions de dignitat exigibles.

d) No es tracta d'analitzar obligacions de la corporació municipal envers manteniments, sinó d'establir que les 4 parets no tenen la possibilitat de subsistir indefinidament i a un cost assumible.

e) Els drets a perpetuïtat sobre les sepultures són refusats per la doctrina del *TS* segons sentències 2/06/1997 i 14/1281998, i alhora l'estat de ruïna d'un nínxol comporta l'extinció del dret del seu titular segons l'art.51.1 del decret de la *Generalitat* 297/1997 de 25 de novembre.

f) Convocat el *Consell Municipal de Patrimoni* de Lleida en sessió de 13 de setembre de 2017 els membres tècnics assistents van donar conformitat al projecte municipal que preveu la restauració dels espais singulars que donen identitat (façanes, arcades i jardins), però no inclouen la rehabilitació dels nínxols de *volta catalana de maó de pla*.

g) Respecte del trasllat de despulles i recollida de làpides es despenjen amb el genèric i ambigu que s'actuarà d'acord als desitjos manifestats, tots ells dintre de la legalitat.

* Atesa la *normativa aplicable* a aquest procediment relativa al Reglament de Policia Sanitària Mortuòria; Text refós de la llei d'Urbanisme i concordants; Ordenança del cementiri de Lleida i altre de concordant i d'aplicació en un cas d'*estat de ruïna parcial*.

* Atès, finalment, al que està acreditat segons l'expedient municipal sobre l'estat de *ruïna parcial* de les quatre parets, així com les dates de les darreres inhumacions i que no consten inhumats cadàvers que puguin representar un perill sanitari, i tenint en compte que l'Alcaldia és competent en la matèria i que cap de les al·legacions presentades han desvirtuat l'expedient *SP/121/2016*:

* **Resolc:**

1. Declarar la *ruïna perimetral* de les quatre parets de *Santa Cecília*.
2. Notificar a tots els afectats aquest Decret.
3. Requerir de manera fefaent a tots els titulars, beneficiaris o hereus perquè en un termini de 50 dies determinin el lloc on volen que siguin inhumades les despulles, segons aquestes opcions: nínxol de nova construcció en el mateix indret i alçada a la meitat de preu que sigui llavors vigent, mausoleu, altre nínxol de la seva titularitat o incineració a preu reduït.

4. Exhaurit el termini, ordenar que es procedeixi a l'exhumació de despulles i subsegüent reinhumació a altre lloc en un temps que no excedeixi les 48 hores i sense cobrament de cap taxa de trasllat.
5. Autoritzar abans de l'exhumació de despulles que es retirin làpides i ornaments als que n'acreditin la titularitat.
6. Enderrocar a càrrec de la Paeria i de manera immediata els nínxols declarats en *ruïna*.
7 Respectar en la mesura que sigui possible els criteris morals, religiosos i sentimentals concurrents al trasllat de despulles i retirada de làpides i ornaments.
8. Habilitar en exclusiva a l'Àrea de Salut Pública de la Paeria per a la coordinació i gestió d'actuacions, amb informació personalitzada als afectats.
9. Fer públic el *Decret* mitjançant edicte al *BOP* i publicació en dos diaris de més difusió, a banda de comunicar a través dels mitjans les dades d'enderroc, exhumació i reinhumació.

* Recursos:
* Es podrà interposar *recurs potestatiu de reposició* davant de l'òrgan que ha dictat l'acte administratiu en el termini d'un mes de rebuda la notificació d'aquest decret.
* O bé, *recurs contenciós administrtiu* davant del Jutjat contenciós administratiu de Lleida en el termini de dos mesos.
* **Signatura:** la Cap de Secció de Salut Pública de la Paeria de Lleida, doctora *Mercè Tor i Palau*, per delegació del Secretari General.

4.5. PUBLICACIÓ AL BOP DEL SEGON DECRET

En data *3 de gener de 2019*, dijous, és publica l'edicte al *número 9768* de registre del Butlletí Oficial de la Província de Lleida.

5. LA UNITAT PREDIAL

DICTAMEN PERICIAL TÈCNIC SOBRE LA 'UNITAT PREDIAL ARQUITECTÒNICA' DE BLOCS MASSIUS DE NÍNXOLS I GALERIES PORXADES

Seguidament es fa la transcripció d'aquest dictamen i certificació annexa amb el mateix text en què va ser presentar el 9 de *juliol* de *2018* a l'*Oficina Municipal d'Atenció Ciutadana* (OMAC) de Lleida, havent d'advertir sobre el mateix que hi ha reiterats molts dels conceptes, textos, fotografies, plànols i gràfics que ja hem exposat i tractat aquí en capítols anteriors, i que de fet van ser la inspiració real per fixar i elaborar les pautes del dictamen. A més a més, pel que fa a la determinació de l'ingent volum de runa a l'epígraf 5.1.2.10 l'hem ajustat per a un total de 770 nínxols enlloc dels 761 que habitualment se solen esmentar. I respecte de l'epígraf 5.1.2.6 sobre arrelament i dispersió territorial dels *llinatges,* s'han actualitzat les dades obtingudes de les façanes dels nínxols amb inclusió ara de les corresponents als dos blocs *F* i *G,* ja que en l'època de lliurament del dictament restaven aleshores pendents d'estudi i compendi i en conseqüència només es va donar raó dels blocs *A* i *B* (ajudeu-vos de la taula de la pàgina 63).

I afegir que fou confegit a requeriment de la plataforma ciutadana '*Memoràndum*' arran d'haver-se obert un període per formular al·legacions sobre el *POUM* de Lleida i per tant, en relació amb el contingut de la Fitxa del Conjunt Arquitectònic del Departament Funerari de *Santa Cecília, 045 02 CA* del cementiri de Lleida, inclosa en el *Catàleg de Béns Patrimonials,* s'acordà designar a l'autor d'aquest llibre que teniu a les mans, en qualitat de titulat com a Enginyer Tècnic Agrícola, col·legiat núm. 144 pel *Col·legi d'Enginyers Tècnics Agrícoles i Forestals* de Catalunya, perquè fes lliurament de dictamen pericial tècnic i contradictori per a certificar sobre l'objecte que es detalla seguidament, un cop practicats reiterats reconeixements *in situ* des de febrer de 2017 de les *quatre llotges porxades* i llurs respectius *blocs de nínxols* que amb designes *A, B, F* i *G* integren l'esmentat departament funerari a la fi d'aplegar tota la informació gràfica, digital i documental que fan al cas i que s'acompanya al llarg d'aquest text enraonat que reprodueixo tot seguit.

5.1.1 OBJECTE

Determinar si el conjunt de les quatre llotges o galeries porticades dels quatre blocs *A, B, F* i *G* del departament funerari de *Santa Cecília* de Lleida, constitueixen en darrera instància l'anomenada '*unidad predial*' a efectes jurídics conjuntament amb els *quatre blocs de nínxols* que fets amb volta catalana de ceràmica de '*maó de pla*' comparteixen coberta i cel ras o signi sostres dels *passadissos de galeria* adossats a les façanes frontals on hi obren les embocadures dels nínxols, tot plegat per aixopluc de parents, cognats i visitants.

L'acreditació objectiva del caràcter d'*'unitat predial'*, és a dir, de constitució d'*un tot integrat i estable en sentit fàctic i tècnic*, s'ha de fonamentar en aquest cas des de tots els punt de vista, tant *físic, constructiu, estructural, arquitectònic, històric, artístic,* com *legal i jurídic o de preservació patrimonial*, sinó també, fins i tot, *conceptual, emocional i de memòria*.

Ara bé, el concepte d'*unitat predial*' és l'antítesi del de declaració de '*ruïna parcial*', de forma que si en un expedient de disciplina urbanística preval el primer, no és possible aleshores la declaració del segon, d'on se'n desprèn la importància de lliurar un ben contrastat dictamen contradictori en el cas que ens ocupa sobre la *idoneïtat o no dels arguments en base als quals es fonamentà l'informe pericial del tècnic municipal* de data *28* de *juny* de *2016*, que tot i ser prevalent, encara que no vinculant per als tribunals, donà peu al decret de '*ruïna parcial*' emès per la Paeria de Lleida el *30* de *gener* de *2017*, en virtut del qual i del posterior de *4* de *desembre* de *2018* s'ordenà l'*enderroc dels quatre blocs de nínxols* esmentats.

Es tracta de demostrar, doncs, que aquesta declaració de '*ruïna parcial*', que segons la descripció del bé que n'ha fet la Paeria en relació a la Fitxa del Conjunt Arquitectònic del Departament de Santa Cecília, amb núm. de registre/cat. 045.02.CA, inclosa en el *Catàleg de Béns Protegits* del *POUM*, no queda gens clar que s'hagi derogat pel que fa als nínxols, atès que repeteixen trobar-se aquests en "*procés de trasllat, enderroc i reforma des de l'any 2007*", quan en realitat és a partir de l'esmentat primer decret del *30* de *gener* de *2017*, és a dir, deu anys després.

Per tant, entenent que el referit decret contravé els principis de protecció de la legalitat urbanística que consagren l'article *79.2* del decret *64/2014* de *13* de *maig*, o en *jurisprudència* la sentència del *TS 14.476* de *10* de *maig* de *1991*, entre d'altres, tot seguit exposo el següent.

5.1.2. CONCEPTE D'UNITAT PREDIAL

Entre els principis que consagra l'article *258* del text refós i reglament de la catalana *Llei d'Urbanisme* del *2006*, i que segons la jurisprudència inspiren la institució de la '*unitat predial*', un de primordial és que entre dos suposats elements diferents que componen una mateixa *unitat ar-*

quitectònica hi hagi una *unitat constructiva i funcional indestriable,* la de dos cossos inseparables, i per tant mútua i unívocament interdependents en assentament continu. Cossos ambdós no susceptibles d'aïllament, atès que una part de l'immoble no pot subsistir de forma autònoma sense l'altra, de tal manera que si només una es declara en ruïna i s'enderroca, com podria ser el cas que es contempla aquí entre *parets i caixes de nínxols,* d'una banda, i *llotges porxades amb pilastres i arcades,* de l'altra, la demolició d'una també *desestabilitza i arrossega l'altra.*

En definitiva, la *jurisprudència* tendeix a restringir les declaracions de *'ruïna parcial'* atenent al principi d'*'unitat predial'*, segons sentències del TS de *13* de *març* de *1989, 27* de *juny* de *1989, 19* de *febrer* de *1990, 20* de *novembre* de *1990* i *10* de *maig* de *1991.* Principi que tan sols es trenca excepcionalment quan l'immoble presenta cossos distints amb prou *suficiència estructural autònoma* que en permeti la demolició parcial d'una part sense pèrdua de la funcionalitat i estabilitat de l'altra.

5.1.2.1. Els dos elements del conjunt de *galeries porxades* i de *blocs de nínxols* de Santa Cecília, són de la mateixa època i obrats a la vegada

Ho diu taxativament el mateix arquitecte autor de l'obra, en *Ramon Portusach i Barrató* (1845-1915), en l'art. *1r* del seu plec manuscrit de condicions facultatives de data *2* de *gener* de *1882: "...la construcción de ciento veinte nichos y la correspondiente galería porticada, con arreglo al plano adjunto, al modelo que hay construido y al presente pliego de condiciones".*[vegeu cap.1.12-pàg.24 / cap.1.13-pàg.26]

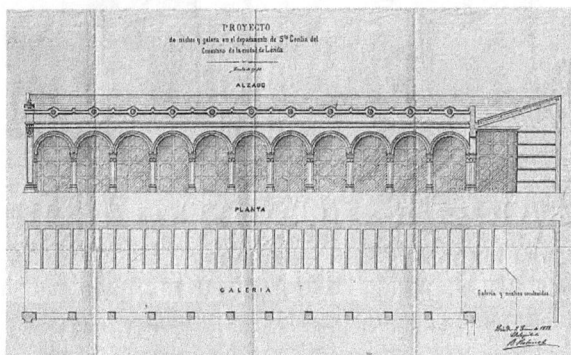

Plànol adjunt al **plec de condicions facultatives** de *1882*

5.1.2.2. Pilastres, arcades i coronament de llotges amb carreus calcaris llavorats

Contràriament al que deia l'informe del tècnic municipal, segons l'art. *7è* del plec de Portusach, els basaments, columnes, arcades, capitells i coronament de les galeries porticades no són pas fets de *pedra artificial,* sinó de *carreus de pedra calcària natural* de les pedreres d'aleshores en la partida lleidatana despoblada d'Astó, al sud de Vinatesa i del rierol de Melons, de gra fi homogeni i compacte, i sense coquera o ulls en la massa pètria, taques, ni cap defecte que pugués minvar-ne la resistència ni presentar mal aspecte. En resum: *pedestals* o basaments de carreu tallat quadrat i sense caires vius, de secció 50 x 50 cm; *pilastres* o pilars amb *fust* de secció quadrada de 40x40 cm, sense caires vius; *capitells* al capdamunt de pilastra, més ampla que el *fust* i *esculpit* i suportant l'*arc*; i *arcades* semicirculars dentades amb un parell d'arcuacions linials paral·leles en relleu. [cap.1.19-pàg.39]

Galeria porticada segons projecte de Portusach

Capitell esculpit

5.1.2.3. Funcionalitat de les galeries porticades i el seu valor històrico-artístic intrínsec

Com a finalitat de la porxada, l'informe del tècnic municipal n'assenyalava tan sols tímidament i com de passada les funcions de *protecció i embelliment,* però ometia o ignorava el seu valor historicoartístic intrínsec en ésser un *material llavorat i testimoniatge d'una època i d'un autor determinats,* i de la cura amb què es van llavorar pilastres i arcades en són les recomanacions que es feien en el mateix art. *7è* del plec en ordre a la prohibició absoluta *"de sustituir con piezas supletorias las fallas, roturas y defectos que por mala calidad de la piedra o poca inteligencia de los operarios o por otra causa cualquiera pueda ocasionarse en las piezas durante su labor o después de colocadas...".* [cap.1.12-pàg.18 / cap-19-pàg.1.33]

5.1.2.4. Coberta dels nínxols i de la porxada *unificada* amb dos vessants

El mateix informe del tècnic municipal reconeix de manera explícita i clara que està ben establert el caràcter unívoc i d'unitat estructural de *"coberta dels nínxols i de la porxada unificada"*, amb dues aigües o vessants, tal com es veu en les fotos de l'extrem terminal obert del *bloc B*, i continua dient *"amb un pendent del 15 % a base de teula àrab de cobriment en caiguda lliure d'aigües pluvials sobre l'espai central del Departament".*

Això no obstant, és molt probable que aquesta estructura actual fos introduïda posteriorment a la seva construcció original en data incerta al llarg dels 135 anys de llur existència, atès que el plànol en alçada del Plec de l'autor mostra el dibuix d'una coberta amb un sol vessant, això sí, cobert amb *"teja común y deberán entrar por lo menos treinta tejas por cada metro superficial, sentándose éstas con mezcla de cal y arena"*, segons l'art. *11è* del Plec.

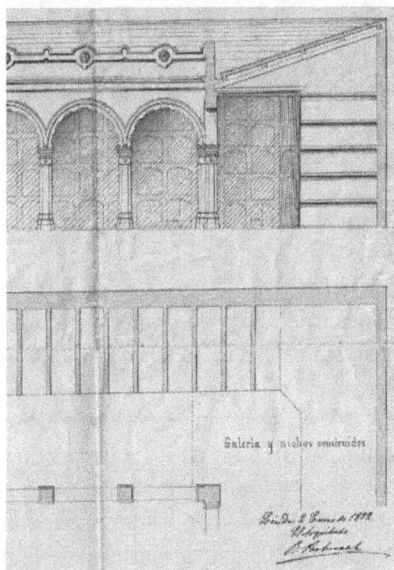

Plànols d'*alçat* i *planta* de *Portusach* el *1882*

La presumpció de que hi hagué una restauració o canvi en les teulades de les galeries i blocs de nínxols es pot confirmar observant les imatges de les ortofotos aèries més antigues encara en *blanc i negre*, i com a mínim obtingudes a l'any *1986*, on es mostra en els quatre blocs la mateixa disposició per tenir dos vessants de coberta amb carener comú en *esquena d'ase* al vèrtex d'ambdós sobre la vertical de la façana interior dels nínxols, o sigui una mateixa coberta compartida de doble pendent amb un pla inclinat a cada costat, respectivament, sobre els blocs de nínxols i sobre les galeries porticades, tot i que en els blocs *F* i *G* ja hi faltaven aleshores els vessants que haurien de cobrir les seves corresponents llotges, mancança que probablement no era deguda a cap suposat esfondrament, com es pretén, sinó més aviat a una negligent i inacabada restauració que ha durat la fotesa com a mínim de *31* anys.

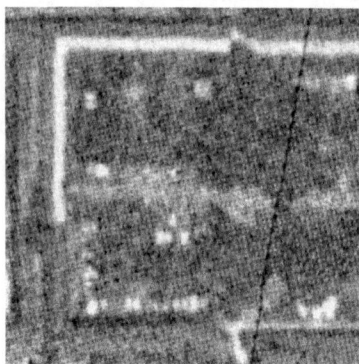

Ortofoto aèria *1986*   Ortofoto aèria *1996* – Blocs **A, B, F** i **G**

5.1.2.5. Suposat i dubtós esfondrament d'un dels dos vessants de teulada en blocs *F* i *G*

Aquest suposat esfondrament, o tal vegada inacabada restauració o canvi de coberta, d'un dels dos vessants de *teulada a dues aigües* en cadascun dels blocs *F* i *G*, provocà a més que les respectives galeries porxades restessin *sense sostre de cel ras*, si més no des de *1986*, tenint la tirallonga de *pilastres* que aguanten les *arcades* de les galeries una única sustentació per tal d'evitar-ne el seu *desplomament* a base d'uns suports de biguetes metàl·liques de secció en doble T, disposades horitzontalment amb els dos extrems recolzats i encastats: un al capdamunt de la paret recrescuda de façana frontal dels nínxols rematada pel carener comú en esquena d'ase, mitjançant una peça de reforç triangular en forma de *cartabó*, i l'altre directament al fris o entaulament dels pòrtics, tot plegat en evitació d'un eventual desplomament de la sèrie de pilastres i arcades, que sortosament encara resten dempeus (menys a l'extrem terminal de la galeria *F*) malgrat fer tant de temps (un mínim de *33* anys) i el risc d'enguerximent dels perfils d'acer col·locats. Ajuntat tot, el resultat final seria que ambdós blocs *F* i *G* foren els *més danyats per la intempèrie constant* en els arrebossats de façanes de nínxols i paviment de galeria, atesa la manca de coberta protectora, ni que fos temporal o provisional amb peces de llenç de fibra tèxtil o de *PVC*, i malgrat ser ambdós blocs menys antics que els *A* i *B* en haver estat construïts a començos del segle xx, entre *1898* i *1907*, és a dir, entre *18* i *12* anys més tard.

Per tant, una evidència més de la *interdependència estructural mútua* entre els dos elements que formen l'indissoluble binomi constructiu: *galeria porticada + blocs de nínxols*.

Bloc **G** *el* **2010**, amb *galeria porxada sense sostre* i *arcades* i *pilastres* encara dempeus

Detall dels *blocs* *F* i *G*

5.1.2.6. Preu unitari de construcció el *1881* inclusiu de tots dos elements estructurals

En conseqüencia, derruir les sòlides parets de càrrega en façanes frontals dels nínxols, *sustentadores de l'estabilitat dels propis porxos*, significaria, de totes totes, conculcar la legalitat indiscutible de la *'unitat estructural arquitectònica compacte i indestriable'* des del seu mateix origen en projecte d'obra i execució, tal com es desprèn, fins i tot, de la primera reclamació de data *4 o 5 d'abril de 1881* per part del contractista que l'havia obrat, el paleta *Ramón Tarragó*, a qui se li negà l'abonament d'obra executada amb escreix en haver fet *13 nínxols més* dels que deia la subhasta, per entendre que a l'assignar el preu unitari de *72 pt.* per cada nínxol en el pressupost que es formà oportunament, ja s'hi incloïa a més dels *nínxols* pròpiament tals, les parts alíquotes per la *galeria porticada, teulada, cel ras* i *paviment de galeria* i *murs de tancament*, segons va sentenciar l'arquitecte provincial Celestí Campmany i Pelliser en informe de data *12 d'abril de 1881*. I afegia que només per a *13 nínxols* sense aquestes alíquotes de construcció, *"n'hi ha prou amb un valor unitari de 42,90 pessetes"*.

5.1.2.7. Restauració del *cel ras* que cobreix cadascuna de les galeries porticades

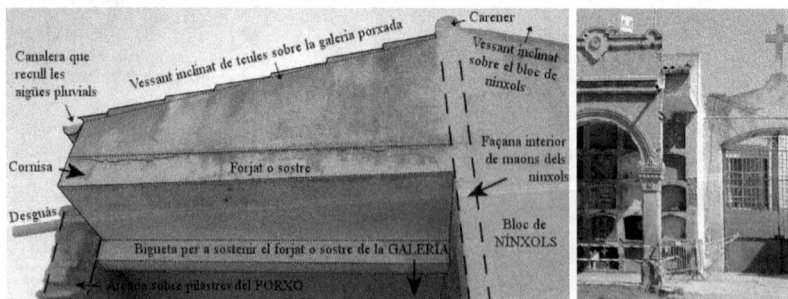

Visió frontal i de costat de la secció terminal del *bloc B*

Nou accés al recinte

En paral·lel a la restauració o canvi de cobertes es obvi que alhora devien fer-se de bell nou els *sostres en cel ras* de les dues llotges *A* i *B*, les úniques amb els passadissos coberts amb els dos vessants sencers de teulada. L'estructura que en resultà ve representada i descrita en la foto del tall transversal fet a l'extrem terminal del *bloc B* per tal de donar espai de pas a l'obertura practicada en el mur exterior a la cantonada mateix del bloc, mitjançant una nova porta de ferro d'accés al recinte funerari des de l'antiga carretera a Barcelona, actual rotonda de la *LL-11*, que tanmateix no es fa servir actualment.

El *cel ras* que en bon estat cobreix els corredors en galeria dels blocs **A** i **B**, és sustentat per un entramat de biguetes de formigó encastades horitzontalment entre el capdamunt de la façana interior de nínxols i la paret d'entaulament o fris de la porxada, omplint-ne els buits entre biguetes amb obra de fàbrica de sostre forjat de *maó prim* o *rajola*.

Branqueta de *figuera*   *Cel ras* en bon estat de conservació del *bloc A*

A la dreta, just en el punt on s'acaba el *cel ras* del bloc **A**, passada la porta-arc d'entrada des del departament veí de *Sant Anastasi*, i on d'altra banda acaba el bloc **G** ja sense teulada ni *cel ras*, hi ha brostat una branqueta novella i tendra de *figuera*.

5.1.2.8. Col·locació de noves canonades de desguàs d'aigües pluvials en paral·lel als nous vessants de teulada i forjats de sostre

A més a més, les obres de recreació de *vessants de teulada* i *forjats de sostre* sobre la galeria porticada dels blocs **A** i **B**, anaren acompanyades, fins i tot, de la col·locació de *canaleres* o *canonades de desguàs* per a recollir les aigües pluvials a l'extrem inferior dels plans inclinats de cada vessant amb la sortida exterior d'abocament de la *gàrgola* a l'alçada per *sobre de la cornisa*, tal com es desprèn de la foto següent del *bloc A* a l'esquerra, la qual cosa suposà una modificació del que al respecte hi havia executat, segons el Plec de Portusach, i es que abans els tubs sortints o *gàrgoles* de desguàs abocaven una mica més avall, per *sota de la cornisa*, com es veu en la imatge del *bloc G* a la dreta, la qual cosa no té cap sentit perquè a l'igual que el *bloc F*, ambdós manquen actualment de mitja teulada i de forjat de sostre, i aquests abocaments irregulars són tan sols un vestigi inútil de quan en tenien i, per tant, ens reafirma en la versemblança de la nostra proposició del canvi de teulades experimentat en un moment ocasional i oportú imprecís.

Gàrgola abocant *supracornisa* del bloc *A*

Gàrgola abocant *subcornisa* del bloc *G*

Porta d'accés des de *Sant Anastasi*, amb *gàrgoles*
subcornisa a l'esquerra i *supracornisa* a la dreta

I així ho descrivia Portusach textualment al final de l'*art. 11è* del seu Plec en referir-se al drenatge de les teulades: *"La canal que se forma en la parte baja se cubrirá con plancha de zynch con sus correspondientes desagües o canelones al exterior"*.

5.1.2.9. Greu risc de desplom i aterrament de la tirallonga de pilastres i arcades en cas de *demolició mecànica dels blocs* de nínxols

En el cas que la Paeria s'entossudís amb persistir en l'enderroc massiu dels *4 blocs de nínxols* més que centenaris i tan consolidats, amb un total de *154 columnes* de *cinc nivells* de nínxols cadascuna en disposició vertical, emprant mitjans mecànics d'excavadores i grues de gran tonatge muntades sobre rodes o erugues, movent-se arriscadament dins d'espais de *sandvitx*, molt limitats a banda i banda, la preada tirallonga de pilastres i arcades restaria sense cap mena de *suport horitzontal en alçada* al perdre el seu agermanament estructural amb les parets de façana dels nínxols, a través de l'entramat de biguetes de sustentació de forjats de sostre de les galeries, quedant doncs només amb els seus *elements esvelts* encastats a la base, però lliures per l'extrem superior, de la qual cosa se'n podria derivar un greu risc de *vinclament elàstic* de tots els elements verticals que treballen a compressió, comprometent l'estabilitat de tota l'estructura esvelta pel desplaçament també en horitzontal de la *càrrega crítica axial de compressió* a partir de cert valor, cosa que n'augmentaria la *tensió de ruptura*, provocant a la fi per l'efecte arrossegament en dòmino, la ruïna també d'una estructura d'alt valor monumental que es vol preservar de la demolició.

Mòdul d'elasticitat E = *tensió σ* / *deformació* ε

5.1.2.10. Generació d'un ingent volum de runa de fer-se la demolició dels 4 blocs de nínxols

L'enderroc dels 4 blocs de nínxols **A**, **B**, **F** i **G** suposaria la desaparició d'un total de 770 nínxols destruïts, la runa dels quals es convertiria en un amuntegament o volum de *material ceràmic* demolit de *707,6 m³*, o el seu equivalent del *37,8%* del volum físic ocupat per tot el conjunt de blocs avui edificats i consolidats, amb un pes global de *1.185 tones*, que exigiria emprar *74* camions de 16 tones per a la càrrega i transport fins a abocador (vegeu els càlculs en l'Annex d'aquest llibre).

Atès que en el informe tècnic de *28 de juny de 2016* es feia una comparativa unitària de preu per nínxol entre el de *construcció nova de trinca* (*792,40 €*) i el de *simple rehabilitació* (*1.267,11 €*), impúdicament avantatjosa per als interessos municipals maldant a favor d'una declaració de *'ruïna parcial'* i subsegüent enderroc de nínxols centenaris per substituir-los per altres de nous, ens plantegem ara quins ingredients s'han inclòs i quins altres s'han omès en la cuina d'aquests preus.

En primer lloc, i en termes generals, no es poden comparar preus per *unitat d'obra* en reparació o nova construcció, sinó de *preus mitjans* referits a *conjunts d'obra* a executar realment i necessària, atès que no tots els nínxols, ni teulades, ni parets, ni soleres, etc. es troben en les mateixes condicions i grau de degradació en el cas de reparacions o rehabilitacions, i per tant un preu unitari ha de tenir en compte la *variable incidència d'un ventall de circumstàncies diverses en l'execució d'un conjunt d'obra*, així com el grau de dificultat segons que en determinades operacions calguin més o menys mitjans mecànics o bé manuals.

D'altra banda, els preus de nova construcció han d'incloure no només els costos de materials, mà d'obra, transports, instal·lació de blocs prefabricats, etc., sinó també les alíquotes d'altres costos per treballs previs o ulteriors a l'obra bàsica, com podria ser el cas suara esmentat de l'*extracció i transport fins abocador* del *voluminós runam* generat en l'enderroc de l'immoble funerari a substituir, o el cost molt sensible i trasbalsador del tràfec d'*exhumacions i reinhumacions,* o el de *retirada i emmagatzament de làpides*, fins i tot, l'*endreçat posterior de l'entorn* més o menys malmès, etc.

5.1.2.11. Valor monumental i de tota altra mena de les galeries porxades de *Santa Cecília*

Fins aquí ens hem referit tan sols als lligams constructius que vinculen les quatre galeries porxades amb els respectius blocs de nínxols adossats. Del valor artístic, escultòric, arquitectònic, històric i, en definitiva, monumental de la tirallonga de llotges amb les seves pilastres, arcades, capitells i entaulaments n'hem parlat a bastament i ningú en dubte a més del valor patrimonial, paisatgístic i emocional que desperta la seva contemplació.

Contemporani de la sèrie de galeries descrites de *Santa Cecília* a Lleida és l'emblemàtic pavelló d'*Els Pòrtics* o *Pati de les Columnes* del *Cementiri General* de *València*, obrat també a finals del segle XIX (1883), i que formant part de la *Ruta Europea de Cementiris* té un reconeixement internacional per la disposició biunívoca de llotges i nínxols adossats, que gairebé són un calc, fil per randa, de les nostres galeries i d'uns nínxols de la mateixa època també en *volta catalana de maó de pla*, actualment restaurats.

Pavelló d'*Els Pòrtics* o *Pati de les Columnes*   Cementiri de *València*

Dit això, només resta afegir que la font que inspirà Portusach per a dissenyar els porxos fou precisament una altra obra seva primerenca, aixecada deu anys abans (1871) a Barcelona, en la cèntrica i transitada cantonada entre Pelai i Rambla de Canaletes, coneguda com la *casa Francesc Oliva*, la senzillesa original de la qual va desaparèixer el 1917 amb les pomposes modificacions que s'hi feren aleshores. Però encara bo que ens va quedar el dibuix dels pòrtics que va dissenyar per a la planta baixa de l'immoble i que tot seguit comparem amb els de *Santa Cecília*.

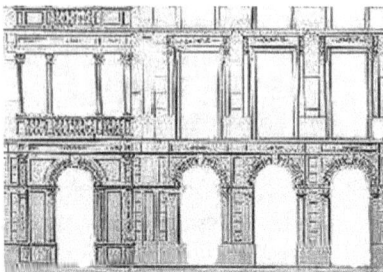

Casa *Francesc Oliva* – 1871   Porxada de *Santa Cecília* – 1882

5.1.2.12. Equivalència de valor monumental d'ambdós elements que componen la *unitat predial* a Santa Cecília

L'altra element fonamental i funcional que compon la '*unitat predial*' no desmereix gens en valor monumental, patrimonial i històric al de l'entorn de galeries que l'abraça i amb que s'adossa tot recolzant-se mútuament per a constituir una '*unitat predial*', és a dir, el conjunt dels quatre blocs de nínxols d'estructura sòlida, estable i consolidada, obrats amb parets massives i compactes de maçoneria, que no pas de *tova d'argila* (com s'ha pretès d'argumentar en la pericial de la Paeria), emprant la tècnica constructiva típica de la *tradició mediterrània* i ara també en tràmit de declaració com a *patrimoni universal*, basada en la mundialment coneguda com a '*volta catalana rebaixada de maó de pla*', valuosa tècnica senzilla, ràpida d'executar, lleugera, econòmica, segura, versàtil, adaptable i de mínima secció, que no utilitza ni ferros, ni forjats per a formigó, i que la trobem tant en la *construcció popular* com en la *monumental*, ampliament utilitzada arreu des de fa sis segles, ja en el segle XIV, i usada en la formació de *sostres, cobertes, escales, nínxols,* etc. i que també fan seva arquitectes tan famosos com Gaudí (amb les originals hiperbòliques), el modernisme de Domènech i Montaner o de Josep Lluís Sert, qui la va transmetre al mestre Le Corbusier o al també arquitecte valencià Rafael Guastavino (1842-†1908), gran difusor de la volta de maó pla als *Estats Units* especialment, on hi va construir 360 edificis a Nova York, un centenar a Boston i altres a Baltimore, Washington o Filadelfia.

5.1.2.13. Execució senzilla, ràpida, sòlida i econòmica dels *nínxols* amb l'ús de la tradicional *volta catalana rebaixada de maó de pla*

Conseqüent amb els articles 78 i 79 del títol XIII del '*Reglamento de la Junta Administrativa del Cementerio General de Barcelona*' de 1877, que tractaven sobre les obres i policia dels establiments funeraris en aquests termes: "*Los nichos deberán construirse con montantes de pared, llamada de* mahó de pla ...", Portusach va optar per construir els nínxols amb la tècnica tradicional de la petita volta catalana, de *poca llum i molt rebaixada de curvatura*, que treballa a compressió, i emprant només peces ceràmiques de forma prismàtica i de poc gruix (*rajoles*), col·locant-les *'de pla'* i pel costat llarg a la vista, tocant-se unes amb les altres a través del cantell i lligades amb un aglomerant de morter, recolzant l'arc així format sobre els dos envanets laterals de càrrega contigus, tal com descriu en diversos articles del seu Plec, com ara part d'aquests dos:

Art. 8è. "*Los muretes de separación de los nichos serán de ladrillo de quince centímetros de espesor, cuidando de que se correspondan todas las hiladas a un mismo nivel...*", precaució d'anivellament que estén a les arestes inferiors dels nínxols i a totes les embocadures. I sobre les *voltes* o *arcs rebaixats* i *carcanyols* afegeix que "*serán dobles, empleándose ladrillos enteros y rellenándose cuidadosamente los senos...*".

Cal deixar constància que amb aquest mode d'executar l'arc no calia recórrer a cap *cintra* o bastiment de suport per donar la curvatura adequada, ja que amb dues capes o fulls de rajola prima superposades n'hi ha prou, tot fent en la primera la unió ràpida amb guix de les successives peces, gràcies a que la rapidesa en la lliga o adormiment del guix així ho permet tot d'una i s'aconsegueix que en poc temps s'aguantin entre elles, formant un primer arc de base autoportant del segon full de peces que se li superposa sense travar-les a *trencajunts* en l'operació anomenada de *doblat*. Per tant, se n'avança amb certa rapidesa en la construcció de la volta.

Nínxols amb *volta catalana* rebaixada de *maó de pla*

Però, a més a més, la volta serveix alhora d'element estructural per formar el paviment o forjat de pis o de nivell del nínxol que té damunt, un cop fet horitzontal l'*extradós* o part de sobre tangent al punt més alt de la volta, mitjançant el *rebliment* de les zones buides que hi romanen a ambdós costats (*carcanyols* o senos) amb material lleuger, com morter o reblum ceràmic o de pedra.

Finalment, en el mateix *art. 8è.* Portusach el tancava tot dient que "*el solado será de baldosas cuadradas de veinte centímetros de lado*". I en l'*art. 14è.* consignava: "*Las paredes de las bóvedas de los nichos se guarnecerán i enlucirán interiormente, y sus frentes además de dichos enlucidos, se blanquearán...* (se'ls hi donarà una capa de cal o guix diluïts en aigua)".

5.1.2.14. Estat actual i riquesa ornamental, memorial, històrica i onomàstica de les *làpides* dels blocs de nínxols a *Santa Cecília*

En base tan sols a la informació aplegada i tabulada del reconeixement extern de les quatre façanes frontals de nínxols corresponents als blocs consolidats *A, B, F* i *G* observant la disposició aparent dels seus elements diguem-ne que de *composició i estat actual d'ús i format*, hem elaborat la següent exposició per a compendiar-ne les característiques d'aquest ric, desconegut i sentimental esplet de nínxols, que *converteixen el dol també en patrimoni* per perpetuar-ne la memòria dels que ens deixaren, i alhora complementa els valors arquitectònics expressats en l'epígraf anterior.

Les quatre esmentades parets comprenen *770* unitats de nínxols disposades al llarg de sengles galeries porxades formant el quatre blocs consolidats suara esmentats, amb un total de *154* columnes en rastellera, l'una al costat de l'altra, de cinc pisos o nivells cadascuna. Atenent al que disposa l'*art. 15è* del Plec facultatiu de Portusach, la numeració identificativa de cada nínxol és feta mitjançant una plaqueta de material ceràmic o *porcellana* amb una cara vidriada, disposant-se de forma correlativa de baix a dalt en cada columna i d'esquerra a dreta en la successió contínua de columnes, anant en total del número *21* al *406* en el binomi *A-B* de blocs i del *1.151* al *1.535* en el parell *F-G*.

Pel que fa a la seva antiguitat les dues primeres columnes obrades ho foren en el bienni 1880-1881 i corresponen als núms. *171* a *180* de la zona que fa xamfrà entre les parets *A* i *B* del mateix departament. El 1891 s'executaren onze columnes més dels núms. *116* a *171*; el 1894 vuit dels núms. *76* a *115*; havent d'advertir que els núms. *101* i *102* formen de fet una mateixa unitat de titular; i el 1895, finalment, altres onze columnes dels núms. *21* al *75*, havent renunciat a les quatre primeres columnes per obrir-hi la porta d'accés al departament contigu de *Sant Anastasi*, essent traslladades a l'inici de la paret *C* sense porticar i un cop ultrapassada la inservible porta d'accés des de la carretera nacional *II*. Tot plegat n'acredita que en l'actualitat són els únics nínxols més antics en tot l'àmbit de la *necròpoli de Lleida*, juntament amb els *225* del bloc *B*, en què la seqüència de nínxols obrats fou d'onze columnes dels núms. *181* a *235* en el primer bienni 1880-81, catorze dels núms. *236* a *305* l'any 1883, dotze més dels *306* a *365* durant el bienni 1886-87 i, per últim, vuit dels núms. *366 a 405* l'any 1888.

Respecte a les 32 columnes de la paret *G* foren aixecades en els bienni 1898-99 de fi del segle xix anant del núms. *1.376* al *1.535*, mentre que les 45 del bloc *F* serien les úniques obrades durant principis del segle xx, entre els anys 1902 i 1907, havent-les-hi assignat els núms. *1.151* a *1.375*.

Dels *770* nínxols existents i efectius, només una minoria de *140* (18,2%) tenen tapiada la boca amb totxo vist o arrebossat, i en altres *31* (4,0%) està trencada la tàpia o bé simplement sense cap tanca o làpida, i per contra n'hi ha *599* que majoritàriament (77,8%) la tanquen mitjançant *làpida* o *frontal amb text gravat* (80%) i titular identificat, més o menys llegible, tot i que només en *288*, gairebé doncs la meitat (48,1%), es pot llegir aquest text amb certa facilitat, mentre que uns altres *187*

(31,2%) no són prou ben llegibles, en part perquè *124* (20,7%) pateixen en la imatge captada de l'efecte reflactant de la llum solar sobre el vidre que en dificulta la lectura, i alhora no permet saber-ne el color dominant del *marbre* de la làpida, el qual sol ser en general el *blanc* en *271* nínxols (45,2%) i el *negre* en *188* (31,4%), restant-ne altres *140* (23,4%) amb tons enfoscits, bruts i/o mesclats. En general, però, del conjunt de nínxols, amb làpides o bé tapiats, *499* (64,8%) tenen text escrit i *271* (35,2%) no en mostren cap.

D'altra banda, no tots els *770* nínxols tenen *marc metàl·lic*, ja que n'hi ha dos terços, o sia *485* (63,0%), que no en tenen, però en altres *148* (19,2%) és vell i rovellat, restant-ne només *137* (17,8%) amb el marc encara útil i en relatiu bon estat, llevat potser d'alguns panys avariats. No obstant això, els nínxols que conserven encara el marc, rovellat o no, però provist de vidre són *171* (22,2%).

Com deiem abans, tocant al tancament de boques de nínxol exclusivament amb tapiat ceràmic són *140* (18,2%) els nínxols, sovint arrebossats, tot i que n'hi ha *47*, o sigui una tercera part (33,6%), amb totxo vist i uns *36* (25,7%) d'enfoscits i opacs, normalment ubicats en el nivells superiors sota teulada o de cinquena filera.

Finalment, com a colofó, interessa saber que actualment només *280* (36,4%) del total de nínxols s'usen o s'han usat fins ara, mentre que *483* (62,7%) estan en *desús absolut* des de fa temps i *7* més (0,9%) són dubtosos. La comparativa amb la situació a *17* de *maig* de *2017*, segons inventari arran del decret de ruïna, expressat en nombre d'actualitzacions, manifestacions i al·legacions per la pròpia *Àrea de Salut Pública* de la Paeria, va donar un total de *290* actius, xifra si fa no fa igual. I tocant a ornamentació floral fresca, a dates d'abril de *2017*, entre rams i gerres en tenien *231* nínxols (30,0%), però gens els *537* (69,7%) restants, més un cas dubtós i un altre amb vegetació espontània brostada. A més n'hi ha *142* (18,4%) d'ornats amb un parell d'argolles a la làpida, *61* (7,9%) amb imatges religioses i *33* (4,3%) amb fotos familiars i *4* amb relleus gravats a la làpida. De fet són *470* (61%) els nínxols sense cap element decoratiu destacat.

5.1.2.15. Salvem l'etimologia i l'origen dels *cognoms de llinatges lleidatans* i forans que hi són enterrats entre 1881 i 2016

Juntament amb la descripció física i funcional dels nínxols teníem disponible també la catalogació del repertori de *385* primers i segons cognoms aplegats a partir de les làpides dels frontis (i enregistrats ara per ordre alfabètic en l'Annex d'aquest llibre), amb una gran diversitat de llinatges i famílies lleidatanes i/o foranes difuntes enterrades en els nínxols de les quatre parets *A, B, F* i *G* del departament funerari de *Santa Cecília* entre els anys 1881 i 2016. Inventari o nomenclàtor de cognoms rellevants per llur significació arrelada al nostre àmbit local i en part perquè no es perdi aquesta *riquesa genuïna onomàstica, patronímica o d'ètims*, rememorant el desig de *Màrius Torres* quan deia això al llindar de la mort: '*Jo vull la pau però no vull l'oblit*'.

Tanmateix, la transcripció dels cognoms dels familiars que hi consten és evidentment massa extensa i fa impossible reproduir-ne aquí la llista o catàleg sencer, com tampoc donar trasllat de la relació d'alguns clergues catedralicis, missioners i frares franciscans pertanyents a diferents ordes religiosos.

Això no obstant, sobre cadascun d'aquests *llinatges* sí que podem ara discernir, de bon antuvi, l'*etimologia* o filiació lingüística del cognom, resultant que en el cas del conjunt d'ambdós blocs *A* i *B* hi predominen de forma aclaparadora (55,1%) els que deriven de noms comuns o propis personals d'*arrel llatina*, seguits pels que tenen el seu origen en mots genuïnament *catalans* (20,6%), sovint medievals i tant se val comuns, com propis aglutinats o de lloc. La quarta part restant es reparteix sobretot entre els noms personals d'*origen germànic* (8.8%), o els *castellans* de tota mena (5,7%), essent gairebé residuals els *llinatges* formats sobre substrat *preromà-ibèric* (3,1%), *basc* (2,6%), *franc-occità* (2,1%), *italià* (1,5%) i *aràbic* (0,5%).

5.1.2.16. Arrelament i dispersió territorial dels *llinatges* pels fenòmens migratoris del darrer segle

Però, a més, el repertori de cognoms també ens il·lustra de la seva *disseminació sobre el territori* expressada en funció del nombre de termes o entitats de població (municipis i d'altres llocs) dels quals se'n té notícia del respectiu arrelament de cada un, tot formant llavors una seqüència ordenada de diversos subconjunts territorialitzats escollits, en què cadascun integra la *totalitat de llinatges adscrits a aquells termes municipals que en formen part d'un mateix subconjunt*, sempre que tinguin un o més cognoms dels figurats en el llistat general dels quatre blocs de *Santa Cecília* objecte d'estudi, i tant s'hi pertanyen físicament o no al mateix àmbit geogràfic municipal, atès que es tracta d'avaluar precisament el *grau de dispersió del llinatge* expressat pel quocient resultant de quants termes territorials toquen de mitjana per cada llinatge existent.

Elaborades i quantificades les dades sobre *etimologia* i *llocs de llinatge arrelat*, ens ha quedat una mostra prou completa de *541 cognoms* diguem-ne que d'*autòctons*, però que un cop exclosos els *148* presents de la resta de *Països Catalans* i els *8* de la *Franja de Ponent*, donen la xifra dels *385* registrats, inventariats i descrits en l'Annex d'aquest llibre. I com a subconjunts s'ha partit de la comarca del *Segrià* que encapçalada per la seva capital, fa evident la concentració del gruix de llinatges autòctons catalans a Lleida dins tot l'àmbit dels Països Catalans en un *22,0%* i una ràtio mitjana de *dispersió* de *7,92 termes/llinatge*, després seguida per l'entorn més immediat (*Noguera, Urgell, Garrigues* i *Pla d'Urgell*) amb un *23,8%* de llinatges i ràtio mitjana del *5,98*. En acabat, les altres comarques del *Prepirineu* i *Pirineu* més allunyades, amb el *5,0%* de *llinatges* i coeficient de *4,33* llocs per cadascun, i els casos aïllats de l'altiplà del *Solsonès* amb el *1,3%* de llinatges i ràtio d'*1,14* termes, i de la *Franja de Ponent* amb dades respectives del *1,5%* i *2,13* de ràtio. I tot completant ordinalment la seqüència per al conjunt de nuclis restants del *Principat* amb un *19,0%* de cognoms de famílies i dispersió amb índex de *6,22*, que s'estén fins a la resta de *Països Catalans* amb una significativa major densitat del *27,4%* de *llinatges* i fracció dispersiva de *3,39*. Tot posant fi a la selecció, algunes altres comunitats peninsulars (*Castella, Aragó, Galícia, País Basc*) hi són presents amb una densitat equivalent al *6,1%* sobre el total dels *541* cognoms autòctons.

Bé, tot plegat un esquema sintètic per copsar i ajudar a comprendre un *fenomen demogràfic* del nostre passat més recent, lligat a les *migracions* que han afavorit la disseminació territorial dels *llinatges* més o menys autòctons i d'una època concreta. En definitiva: *memòria* esdevinguda també *patrimoni* del present i *història* pel demà.

Sense oblidar, finalment, els *372* topònims coneguts i escampats arreu del territori del Principat d'on n'ha derivat aquesta riquesa patronímica i onomàstica a través d'un extens eixam de tota mena de llocs i nuclis, ja siguin municipis, viles, llogarets, partides rurals, masies, ermites, accidents topogràfics, comarques, etc.

5.1.3. Conclusions

Del present dictamen emès es conclou que ambdós elements, *nínxols* i *pòrtics*, constitueixen una *unitat constructiva i estructural*, de totes totes evident, és a dir, un conjunt arquitectònic en què si una part o cos del mateix s'elimina per haver-la enderrocat, inexorablement arrossega i posa en risc la subsistència de l'altra part o cos restant.

Haver conculcat i vulnerat, doncs, aquest principi amb una arbitrària i il·legal declaració de '*ruïna parcial*', no eximeix els responsables de la mateixa dels perjudicis i danys patrimonials que se'n puguin derivar si amb l'enderroc d'un dels dos elements del conjunt arquitectònic l'altre també resulta malmès o demolit per arrossegament i efecte dòmino.

Per tant, en ordre a les facultats i competències que la *L.O.E* 38/1999, de 5 de *novembre*, atorga a la meva titulació acadèmica i professional, declaro i

CERTIFICO:

Que el conjunt dels quatre blocs de nínxols porticats designats amb les lletres **A**, **B**, **F** i **G** del departament funerari de **Santa Cecília** del cementiri municipal de Lleida, edificats en frontis i caixes amb la tècnica constructiva tradicional de la *volta rebaixada catalana de maó de pla*, juntament amb les seves respectives *galeries de pas* adossades a les façanes de frontis dels al·ludits blocs, amb llurs pilastres, arcades, capitells i entaulaments, *no són pas dos elements independents, aïllats i separats*, sinó que formen una *unitat predial*, tant física, constructiva i estructural, com *funcional*, a més d'*històrica, artística, patrimonial, paisatgística* i *memorial*, composta de *dos cossos inseparables*, i per tant *mútua i unívocament interdependents en assentament continu*, d'acord amb la doctrina i els principis en què es va inspirar la *jurisprudència* respecte d'aquesta institució i talment com els consagra l'article 258 del text refós i reglament de la *Llei catalana d'Urbanisme* del 2006, a banda de la *sentència del Tribunal Superior* de 10 de *maig* de 1991, entre d'altres.

D'aquest document se'n deixarà còpia en dipòsit notarial per si calgués servir-se'n per donar testimoni en un hipotètic procediment judicial de l'advertiment que fa per endavant als qui en fossin responsables sobre *els més que probables riscos de desestabilització o ruïna estructural d'alguns dels elements esvelts que suporten les arcades de galeries porticades com a deriva d'una actuació de demolició i enrunament de l'altra part destinada a nínxols i que comporti el trencament de l'actual* 'unitat predial' que avui conforma el conjunt arquitectònic de referència.

I perquè així consti, als efectes processals i legals que calguin, lliuro el present dictamen i certificació a l'*Oficina Municipal d'Atenció Ciutadana* de Lleida, a *nou de juliol de dos mil divuit*, per tal que l'adreci, en temps i forma, al Sr. Cap de l'Àrea d'Urbanisme de la Paeria de Lleida.

5.2. TIPUS DE PATOLOGIES

5.2.1. Degradació en juntes de teulades i esquerdes puntuals

Desperfectes per filtració d'humitat pluvial amb *degradació de juntes* en teulades a dues aigües, i algunes escadusseres *esquerdes no estructurals*. La foto de l'*esquerra* correspon a l'extrem terminal del bloc *B*, i la de la *dreta* al final del bloc *F*, just en el lloc de confluència amb la porta d'accés al recinte de *Sant Josep* i compartint amb aquest l'antiga paret de tancament on hi recolzen els nínxols d'esquena.

Extrem terminal del *bloc B*

Part final del *bloc F*

5.2.2. Despreniment d'arrebossats d'argamassa o morter en façanes i paraments verticals de nínxols

Arrebossats existents deteriorats, presentant alguns *fissures en superfície* i *despreniments*, tot plegat per diverses causes:

a) *Envelliment de l'estucat* pel pas del temps, havent-se esgotat la vida útil, a banda de patir agressions per altres factors, com els següents:

b) *Moviments de dilatació i contracció degut a canvis tèrmics* de dia-nit i estacionals, i dilatacions diferencials dels elements que els compo-nen, que fa que l'estuc es desprèn de la seva base, s'esquerda i es disgrega amb la qual cosa permet l'entrada d'aigua, que n'accelera la degradació.

c) *Creixement d'espècies vegetals* i l'acció de les arrels en ressalts i irre-gularitats dels paraments, provoca l'acceleració de la degradació. Just en el punt on s'acaba el *cel ras* del bloc *A*, passada la porta-arc d'entrada, i d'altra banda acaba el bloc *G* ja sense teulada ni cel ras, hi ha brostat una branqueta novella de *figuera*.

d) *Filtracions d'humitat per capil·laritat en el sòl i sostre* pel contac-te directe amb l'aigua de pluja, tot i que sortosament la topografia dels murs de tancament del recinte és plana i no afecta el subsòl de la base dels murs i no s'acusa en la vora inferior d'aquesta.

Vista de les 3 darreres columnes de nínxols del *bloc B porticat*, núms. *391 a 404*

5.3. SOBREENVELLIMENT DE LA GENT ACTUAL DELS SOBTATS *BOOMS MIGRATORI I NATAL* ENTRE *1950* I *1980*

No podem oblidar tampoc que ara comencem a patir el gruix de defuncions de la gent que ja rau en la frontera del sobreenvelliment pel fet d'haver immigrat massivament en el període 1950-1980 o bé nascut durant el sobtat *'boom demogràfic de natalitat'* de llavors, i que en tan sols 30 anys va duplicar el nombre d'habitants de la ciutat, i això, a manca de previsió a llarg termini pel fet de no tenir prou o cap reserva de sòl funerari, i malgrat la proliferació actual d'incineracions, ara crea, després de passats gairebé de 40 a 70 anys, el neguit actual d'haver de construir cuita-corrents, amb presses, nínxols exprés de formigó prefabricat col·locats en temps rècord mitjançant grues de gran tonatge. Però, ¿sobre quins terrenys? Doncs, els provinents de la demolició de nínxols i pòrtics més antics, de mitjan segle XIX i començos del XX. Dràstica i massiva solució decretada de demolició total amb la intenció de tornar a reedificar de bell nou sobre el solar que en resulti de la devastació i que tot seguint per aquest frau de model de cementiri, entrerem en la perversa espiral de violentar cada cop uns llocs de memòria significatius per a les famílies, talment com de 'corredor de la mort', enderrocant patrimoni històric antic cada vegada que ens falti sòl funerari.

5.4. RESERVA OBLIGADA D'*ESPAI* O SÒL FUNERARI

Davant l'evidència de la pressió demogràfica pel notable creixement urbà de la ciutat de Lleida, amb dos sobtats *booms poblacionals* del +39,0 ‰ anual entre 1900 i 1920 i d'un +42,3 ‰ entre 1960 i 1970, i malgrat la proliferació actual d'*incineracions,* que han passat del *24,7%* el 2008 al

33,5 % el 2015, sorprèn que el *planejament urbanístic* no hagi previst l'adquisició de nous terrenys on ampliar l'*espai funerari* per obrar-hi nínxols nous de trinca, en comptes de carregar-se el patrimoni històric amb l'*enderroc dels més antics*, que semblen fer nosa, i substituir-los per uns altres de moderns i fredament estandarditzats, fets de *blocs autoportants de formigó prefabricat* de més que discutible durabilitat.

Segons dades de l'Àrea *de Salut Pública* municipal, la previsió de cada any és de *192 nínxols nous de primer ús*, que per a una generació de 25 anys serien = 192 x 25 = *4.800*, més o menys el que diu la directora Mercè Tor (5.000). I aleshores el que tenen pensat *'in mente'* és un programa d'enderroc que afecti els següents tres recintes vells: *Sta.Cecília* (1.531 nínxols), *Sant Miquel* (1.279) i *Sant Josep* (1.531) [en base als anys *2009, 2013 i 2015*, les famílies que estrenen nínxol nou a l'any són el *26,1 %* de les inhumacions, o sigui *180*, no pas *192*, i això faria *4.500* al cap de 25 anys, xifra que ve a coincidir amb la suma dels nínxols dels tres recintes = 4.341]. Vet ací la macabra estratègia demolidora!

Al respecte, tenim entès que com a *Pla Parcial SUR 25-Magraners*, a l'altra banda mateix del *carrer Almería* (o camí vell dels *Magraners*), hi ha sòl rústic requalificat com a urbà, amb tres finques contigües respectivament propietat dels Srs. *Robert, Marquès* i *Boloix*, i una superficie total de 21,8463 hectàrees.

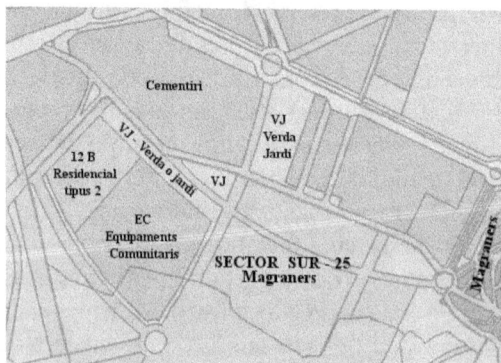

Segons modificació puntual de data 19/02/2010 sobre sòl rústic requalificat com a urbà d'aquest *Pla Parcial SUR–25,* és previst destinar-lo en part a *Equipaments Comunitaris,* on s'hi podria fer una ampliació per satisfer sobradament la demanda futura d'una ciutat avui de 138.144 habitants. Perquè, en definitiva, la solució no passa pas per anar *demolint cada dos per tres els béns patrimonials històrics envellits* i quedar-nos només amb el formigó prefabricat de l'obra nova.

5.5. NÍNXOLS A DINS D'UN ENTREPÀ AMB LLESQUES DE MUR I GALERIA

Per allò del popular i tòpic proverbi xinès que una imatge val més que mil paraules, en el parell de gràfics adjunts hi podeu veure sobre fotografies aèries els quatre blocs de nínxols a enderrocar de *Santa Cecília*, situats en la mateix posició que un tall d'entrepà, és a dir, entre dues llesques, que hem assenyalat en blanc i que, a banda i banda, corresponen a la tirallonga de pòrtics que es vol conservar i als respectius murs de separació compartits d'esquena amb els blocs de nínxols veïns de *Sant Anastasi* i de *Sant Josep*, o el que fa frontera amb la *carretera N-II*, que lògicament s'han de respectar, tot i que aquestes metafòriques llesques patiran sens dubte uns riscos evidents de desplom o desviació de la verticalitat durant l'enderroc del tall de l'entrepà.

Blocs *A* i *B*   Blocs *F* i *G*

I quan hom vol fotre-li queixalada al tall rostit o embutit de l'entrepà per cruspir-se'l en exclusiva, cal anar en compte de no mossegar involuntàriament amb les dents cap molla de les llesques de pa. Doncs, aquesta és la metàfora de la *maldestre queixalada* que es vol aplicar, suposo que amb *dents d'excavadora mecànica*, en el gustós tall del nostre entrepà funerari per cruspir-se'l voraçment i per major escarni aprofitar-ne les llesques per un altre insubstancial tall aneu a saber escalivat a quines brasses de caliu.

5.6. RUNA O MEMÒRIA TRIOMFANT SOBRE LA FOSCOR?

Com a regal de Cap d'any per estrenar el 2019 la Paeria ens va assabentar per mitjà de la premsa, i també a través de notificacions personals certificades, que dins de set setmanes s'enderrocarien inexorablement els 770 nínxols de *Santa Cecília* arran de posar en circulació el decret gestat el *4 de desembre* del passat any, termini per començar les inhumacions que finalment ha estat prorrogat fins al 28 de març del 2019 per problemes de logística.

I no em puc treure del cap que per un decret administratiu en base a injustificables raons, i aneu a saber per quins act sous mesquins, es pugui profanar un altre lloc per molts també viscut com a sagrat, on hi reposen en dolç silenci sepulcral, i mai millor dit, restes d'estimats familiars que han conviscut amb nosaltres no més enllà de segle i mig enrere, i que comprenen especialment el període tràgic de *1887-1900* de creixement demogràfic negatiu d'un —1,6 per mil de la ciutat de Lleida, tot coincidint amb la crisi de finals de segle, l'*epidèmia de còlera* i la guerra de Cuba amb el patètic resultat de milers de soldats víctimes del *tifus*, la *disenteria*, la *malària* i la *febra groga*, per bé que les restes d'alguns sobrevivents de tant d'infortuni descansen en pau al nostre recinte funerari ara amenaçat, com és el cas d'un tardanament enterrat el 1950 a qui li fou atorgada la creu de plata del Mèrit Militar amb distintiu vermell el 18 de març de 1898 per haver participat en les accions contra els insurrectes cubans de Periquito Delgado a la província de *Pinar del Río*.

Vegeu en la taula següent l'evolució del creixement en percentatge anual per mil habitants (‰) de la ciutat de Lleida i en paral·lel el marc històric més significatiu de cada període en relació a la demografia:

Període	Taxa anual ‰	Variació creixement	Marc històric significatiu
1857-1877	+ 1,9	baix	còlera asiàstic i construcció St.Anastasi
1877-1887	+ 7,4	baix	còlera morbo i construcció Sta.Cecília
1887-1900	— 1,6	negatiu	epidèmia còlera morbo i guerra de Cuba
1900-1920	+39,0	màxim	construcció canal d'Aragó i Catalunya
1920-1940	+ 4,3	baix	dictadura primoriverista i guerra civil
1940-1950	+27,5	alt	immigració peninsular de postguerra
1950-1960	+20,8	alt	immigració i pla d'estabilització
1960-1970	+42,3	màxim	boom de natalitat i desenvolupament

1970-1990	+11,5	baix	crisis del petroli i transició a democràcia
1990-2000	+ 0,3	nul	recessió econòmica finisecular
2000-2010	+22,5	alt	forta immigració estrangera
2010-2014	+ 3,3	baix	crisi immobiliària
2014-2016	— 3,7	negatiu	crisi immobiliària

Però, a més, el nombre de prohoms lleidatans difunts enterrats en les quatre parets i que deixaren petja a la ciutat es multiplica amb figures com *Serratosa i Millàs* (†1881) un dels autors de l'*Oratori de la Mariana*; el canonge *Francesc González* (†1883); el mestre d'obres *Queralt i Rauret* (†1895); l'arquitecte *Celestí Campma*ny (†1914); el secretari de jutjat *Cardona i París* (†1918); l'exalcalde *Costa* (†1922); el també arquitecte *Lamolla Morante* (1928); el pianista i músic *Ricard Viñes* (†1943); i molts altres més que farien llarga la llista.

Vergonyant que ara ens assabentem que es justifiqui com a despesa social una inversió de gairebé 42.000 euros per un *mausoleu col·lectiu* amb cinc *fossars* o fosses comunes i un *monòlit*, que serà l'abocador de deixalles humanes i potser també cau miserable de retirada i emmagatzematge de làpides i d'altres recordatoris ornamentals funeraris sensibles. Despesa econòmica que d'altra banda podria evitar-se no enderrocant els *770* nínxols de *Santa Cecília*, però que tant sí com no, se sumarà a la dels treballs d'enderroc del recinte funerari actual generant un *volum gegantí de 1.186 tones de runam* de material ceràmic que caldrà extreure, carregar i transportar emprant 74 camions de 16 tones amb un import de 59.707 euros més, de manera que solament amb aquests dos conceptes el cost unitari previst de demolició i nova construcció s'incrementaria en un 9,8% i encara caldria afegir-hi el cost molt sensible i trasbalsador del tràfec d'*exhumacions* i *reinhumacions*, que forçosament per llei recau sobre l'ens expropiador, és a dir, l'Ajuntament.

I em pregunto, si tots aquests costos afegits que augmenten de forma inexcusable el gruix dels preus de nova construcció amb blocs prefabricats no són per sí mateixos molt més superiors al pressupost d'una rehabilitació dels quatre blocs de nínxols obrats amb sòlida fàbrica de ceràmica porosa en la tradicional tècnica de la *volta catalana rebaixada* de '*maó de pla*'? Sobretot tenint en compte que aquesta preada obra té tan sols una antiguitat d'entre 111 i 137 anys, per bé que amb una pèssima conservació per manca de periòdics manteniments, especialment d'ençà de 1996, quan aleshores restà suspés l'arranjament de teulades i revestiments de cel ras en blocs de nínxols i galeries dels blocs **F** i **G**, mentre que els *A* i *B* ja s'havien restaurat amb probable data pels volts de 1986. Ara bé, condicions pèssimes en l'estat dels nínxols que no suposen en cap cas precarietat manifesta de l'equilibri global del conjunt, és a dir, pel que fa a l'*estabilitat, seguretat, estanquitat* i *consolidació estructurals*. No hi ha, doncs, cap risc imminent ni llunyà de desplomament de murs verticals perimetrals ni de pilastres de les quatre galeries porxades frontals adjacents amb 51 *esvelts pòrtics* de notable interès arquitectònic i artístic, sinó tan sols degradació de teulades, arrebossats de façanes i paviment de galeries esmicolat i amb vegetació natural espontània brostada per incompliment secular del deure de preservació i manteniment.

Tot això als que ja tenim una edad ens ha trasplantat als records esperpèntics de la infantesa amb la barbàrie iconoclasta desfermada al juliol de 1936, on moltes cruïlles de l'Eixample barceloní i en altres indrets fumejaven per la crema d'objectes i imatges de culte allí apilades, semblantment a les fogueres que lúdicament fèiem abans per la diada de Sant Joan. Simplement, pels *previsibles ultratges* que afectaran la sensibilitat i els sentiments d'aquella part de la ciutadania que veu una *forta càrrega de significat familiar perdurable* en aquests *plàcids espais sagrats funeraris*, els quals conviden al descans en pau, a banda de llur valor cultural i historicista intrínsec, ajudant-nos a viure alhora que ens entrenen per morir en recordar-nos amb dolor amarg els que hem deixat de tenir i trobem a faltar al nostre costat, desert existencial que fa de la vida un absurd prenyat de *memòria perdurable* unes quantes generacions enllà. Ciutadania, però, que ja des d'ara pressenteix, en paral·lel a aquest canvi de cicle que simbolitza la foscor immanent al ple solstici d'hivern, els núvols de tempesta que es congrien per un desorbitat enrenou i trasbals davant el desori arran del *tràfec forçat de despulles mortals a exhumar i reinhumar*, acompanyat d'indubtables errades d'identificació, i això comptant en què no s'ensorri també *per vinclament* i l'efecte arrossegament en dòmino la corrua dels 51 *esvelts pòrtics*. En definitiva, *runes* i *tenebres, arcs de volta* i *portals de misteri* com a metàfores de la mort, també ben aviat esqueixats i demolits.

6. QUEIXA CONTRA L'ENDERROC

6.1. RELACIÓ SEQÜENCIAL CRONOLÒGICA D'ACTUACIONS DE *QUEIXA*

1.* 17/04/2017. Gravem video amb mòbil de les 154 columnes de nínxols de les l'façanes dels blocs *A, B, F* i *G* de *Santa Cecília*, per guardar-ne record i fer estudis d'*onomàstica* i d'*ornamentació* abans no ho demoleixin tot. Núm. de nínxols: 160 al bloc *A*, del *21* al *186* / 225 al bloc *B*, del *181* al *406* / 225 al bloc *F*, del *1151* al *1375* / i 160 al bloc *G*, del *1376* al *1535*.

2.* 25/04/2017. Reunió als *Porxos de Dalt* de Lleida d'un embrionari grup d'afectats a la fi de fixar un full de ruta amb el compromís de trametre a la Paeria un plec d'*al·legacions contra l'enderroc* dels nínxols de *Santa Cecília* amb un mateix text comú i igual de totes.

3.* 25/04/2017. El portantveu del grup municipal de la *Crida per Lleida-CUP* presenta recurs contra l'expedient de ruïna dels nínxols de *Santa Cecília* declarat per l'ajuntament.

4.* 26/04/2017. Lectura davant dels assistents a la reunió convocada al bar *Abad* del text confegit i finalment consensuat per a les al·legacions a presentar individualitzades a l'*OMAC* (Oficina Municipal d'Atenció al Ciutadà) de la Paeria de Lleida.

5.* 27/04/2017. El Dr. Xavier Rodamilans, regidor de Polítiques pels Drets de les Persones, contesta al recurs de la *Crida per Lleida-CUP* argumentant que les façanes dels porxos formen una *unitat independent* i són els únics elements realment arquitectònics a conservar.

6.* 27/04/2017. Reunió de compromesos a la fi de preparar l'acta de constitució informal de la *plataforma* ciutadana *Memoràndum* i perquè l'endemà vingui el personal a llegir-la i signar-la.

7.* 28/04/2017. Al matí a copisteria es fan una quinzena de còpies de l'acta de constitució de la *plataforma cívica* creada ahir de forma informal i també de *fotos aèries* on es mostren teulades malmeses d'altres departaments del cementiri. I a les les 22:35 hores al bar *Abat* hi han signat l'acta un total de 14 assistents dels 16 potencials que d'antuvi s'han mostrat interessats, havent repartit també els plecs d'al·legacions amb el compromís assumit per tots plegats d'anar l'endemà a l'*OMAC* a lliurar-ne l'original signat.

8.* 28/04/2017. El portantveu de la *Crida per Lleida-CUP* té pensat presentar una *queixa* sobre l'enderroc de *Santa Cecília* en el ple del consistori d'avui.

9.* 2/05/2017. La *Crida per Lleida-CUP* demana la convocatòria d'una reunió del *Consell de Patrimoni* de la Paeria per tractar de l'enderroc dels nínxols.

10.* 5/05/2017. Reunió amb 2 membres del *Comú* partidaris de que fessim una *moció de censura* a l'Ajuntament abans del dia 19 perquè tot estigui amanit per al ple municipal del dia 26. I l'endemà ens fan arribar una mostra de vàries mocions presentades al ple municipal de Lleida per part de diverses entitats. També ens fan arribar adreces del *cartipàs municipal* i contactes amb el *Centre d'Estudis Comarcals del Segrià* (CECS).

11.* 4/05/2017. Na *Dulce Vilaplana i Miarnau,* actuant de portantveu del col·lectiu d'afectats, signa l'escrit de queixa adreçat al *Síndic de Greuges de Catalunya,* document que és registrat amb el núm. *E-13432/2017,* juntament amb l'Annex en *pdf* acompanyant.

12.* 7/05/2017. Es comença a preparar el text escrit de la *Moció* al *Ple de la Paeria* del dia 26.

13.* 8/05/207. La Paeria fa publicitat entre diversos *projectes d'arquitectura en preparació,* d'un sobre rehabilitació de nínxols de *Santa Cecília,* a càrrec de *Ferran Florensa i Mayoral,* però sense majors explicacions.

14.* 9/05/2017. Reunió amb la portantveu del grup municipal de *CIU-PDEcat.* i una companya a la terrassa del *Fumàtic.* Es fa còpia per als 5 partits polítics amb representació municipal i 2 entitats socials de 7 jocs de la *Moció* al *Ple de l'Ajuntament* del dia 26.

15.* 9/05/2017. A través de l'estafeta de correus de la Rambla de Ferran s'envien per correu postal certificat 2 jocs de l'escrit destinat al *Síndic de Greuges de Catalunya* i per *via on line* altres 7 jocs del text i fotos de la *Moció al Ple* de l'Ajuntament del dia 26 als grups de regidors municipals.

16.* 13/05/2017. Es prepara el *logotip* de la plataforma ciutadana informal 'Memoràndum' que han creat els damnificats per l'enderrocament de nínxols a *Santa Cecília.*

17.* 17/05/2017. Reunió a la planta quarta de la *Paeria* amb dos membres directius del grup municipal del *PP.*

18.* 17/05/2017. Visita col·lectiva al cementiri amb regidores de PDECat i assistència de l'arquitecte *Miquel Àngel Soriano,* a qui n'han encarregat de fer un *informe tècnic* sobre el suposat estat de ruïna dels blocs de nínxols objecte de demolició i que actua com a representant de l'*Ateneu de Ponent.*

19.* 18/05/2017. A l'*OMAC* per fer lliurament i segellar el plec de la *Moció de censura* a fer el pròxim dia 26.

20.* 18/05/2017. Reunió a la planta 4ª de la Paeria amb dos membres directius del grup municipal del *PP,* fent entrega a un regidor de la documentació aplegada sobre *jurisprudència* en el supòsit de *ruïna* i *unitat predial.*

21.* 19/05/2017. Amb data d'ahir, i com a document de registre de sortida *S-30924/2017,* rebem contestació del *Síndic de Greuges de Catalunya,* en què explicita que ens adrecem al departament de *Cultura de la Generalitat* perquè examini el plantejament que es fa amb relació a la catalogació del conjunt immoble a derruir o fer arribar a l'*Ajun-*

tament que constitueixi una *comissió independent d'experts*, malgrat no estar prevista en el procediment.

22.* 22/05/2017. Visita a la delegació d'*Òmnium Cultural* per deixar un plec amb el text de la *Moció* que es vol presentar al *Ple de la Paeria,* amb documents i fotos acompanyants.

23.* 25/05./2017. Trobada conjunta amb dos membres del grup municipal de *Ciutadans,* però sense presència de la presidenta (na *María* Ángeles *Ribes*).

24.* 25/05/2017. Mitjançant correu electrònic s'envien a tots els 7 grups municipals l'acord d'esmena de la *Moció* a presentar demà a corre-cuita al *Ple,* amb els quatre passos que comprèn.

25.* 26/05/2017. Lliurament a l'*OMAC* del plec documental amb el text de l'*esmena a la Moció* anterior a la celebració del Ple municipal per tal d'enregistrar-la i fer-ne còpia per a cadascun dels set grups municipals, tot incloent-hi un acord consensuat amb aquets quatre passos a fer:

* *Primer.* Que s'acordi l'ampliació del *termini d'al·legacions* per un període de dos mesos, a comptar des de l'aprovació de la present esmena de moció, si s'escau. Espai de temps per asserenar ànims, esvair dubtes i cercar solucions objectives.

* *Segon.* Que durant aquest període es convoquin els membres del *Consell de Patrimoni* de l'Ajuntament, per tal que informin, amb el pertinent assessorament dels experts independents que calguin en matèria d'arquitectura, art, història i cultura, respecte a la idoneïtat de preservar o no de la demolició el departament de *Santa Cecília.*

* *Tercer.* Que fins que no finalitzi el nou període obert d'al·legacions i es presenti el corresponent i preceptiu informe elevat pel *Consell de Patrimoni,* l'Ajuntament es comprometi a *suspendre temporalment el procediment* iniciat amb l'expedient d'enderroc.

* *Quart (modificat a corre-cuita a darrere hora).* Que, finalment, el Ple de l'Ajuntament doni compte de la decisió (comptes de què *prengui una decisió vinculant, que sotmetrà a votació*), en base a l'informe definitiu del *Consell de Patrimoni* i de les possibles al·legacions que s'hi puguin presentar, amb aquest afegit: '*i aleshores que l'Alcaldia resolgui en ús de la seva competència el que estimi en conseqüència'.*

26.* 26/05/2017. En el saló de sessions de la Paeria i quan li toca el seu torn, fa l'exposició oral de la *Moció de censura* durant 7 minuts *Santiago Suñol i Molina* en nom de la plataforma ciutadana *Memoràndum,* i en acabat cadascun dels portantveus dels 7 grups per ficar-hi la seva cullerada: *Comuns, Crida-Cup, C's, ERC, PP, PdeCat* i el *PSC.* Votació: a favor 5 i en contra 2 (*PSC* i *C's*), i s'acordà la pròrroga del període d'al·legacions fins a un termini de dos mesos i la suspensió temporal de l'expedient d'enderroc a l'espera de les al·legacions i de l'informe del *Consell Municipal de Patrimoni.*

27.* 28/05/2017 Contestació per *e-mail* a l'escrit del *Síndic de Greuges* per tal de donar-li compte de l'*acord transaccional* de la *Moció de censura* del passat dia 26.

28.* 29/05/2017. Pel matí, al *Casal de la Mariola* tenen hora els de la plataforma cívica *Memoràndum* per entrevistar-se amb la delegada del *Síndic de Greuges* que fa visites locals per a recollir queixes.

29.* 30/05/2017. Reunió a la terrassa del *Museu Diocesà* amb 4 membres pertanyents al *Centre d'Estudis Comarcals del Segrià* (CECS) i la plataforma d'*Entitats Culturals de Lleida.*

30.* 4/06/2017. Enllestit el *dossier documental* en arxiu *word* sobre *Santa Cecília,* inicialment amb *83* pàgines.

31.* 8/06/2017. En nom de *Memoràndum* s'envia a través d'una allau de correus electrònics el totxo del Dossier que hem confegit sobre *Santa Cecília* als caps dels 5 *grups municipals* i també al CECS i al *Departament de Territori i Sostenibilitat* de la *Generalitat,* perquè els qui hagin d'emetre dictamen del *Consell Municipal de Patrimoni* disposin de l'enorme embalum de referents documentals que s'han anat acumulant.

32.* 8/06/2017. Es demana col·laboració al president del *Gremi de Constructors i Promotors d'Obres* de Mataró i comarca perquè ens donin una versió tècnica independent i experta sobre els nínxols obrats en la tècnica de la *volta catalana,* per si és possible comptar amb entesos en la matèria com els Srs. Bergonyó, Palou o López.

33.* 12/06/2017. A *Santa Cecília* les quatre galeries amenaçades d'enderroc estan amb accés limitat per un encerclat o acordonat d'un parell de cintes de teixit o de plàstic on hi diu *'Danger'.* Això 168 dies després d'haver publicat el Decret de ruïna el 30 de gener, quan l'obligació és de fer-ho abans de trancorregudes 72 hores. Es prenen 51 fotos i la comprovació *in situ* d'amidaments de nínxols i pilastres.

34.* 14/06/2017. Anem a la delegació de *Territori i Sostenibilitat* al *Clot de les Monges* per portar-los-hi el nostre Dossier de 83 pàgines i fer pressió sobre l'urbanisme municipal, però ens asseguren no poder fer-hi res de res.

35.* 15/06/2017. Per correu electrònic s'envia un exemplar del Dossier a en *Josep Borrell,* cap de la delegació de *Cultura de la Generalitat* a Lleida.

36* 20/06/2017. Instem al PDECat perquè doni pressa a l'arquitecte *M.À. Soriano* per al lliurament de l'informe arquitectònic que li van encarregar.

37.* 23/06/2017. Rebem correu de la *Crida-CUP,* que ens comunica que el dia 20 de juliol es debatrà en el si del *Consell de Patrimoni* de la Paeria l'informe sobre *Santa Cecília.* I el PDECat pregunta si en l'exposició oral del Ple del dia 26, en el punt segon es va parlar d'*experts locals* i/o bé de *foranis* en art, arquitectura, etc.

38.* 24/06/2017. Contacte per *e-mail* amb el *Centre d'Art d'Època Moderna* (CAEM) adscrit a la UdL per si tenen informació fidedigna sobre les autories arquitectòniques de nínxols i d'arcades i pilastres de *Santa Cecília,* dubtant en principi entre *Josep Domènech i Estapà* (1858-1917), d'una banda, o *J.Anton Queralt i Rauret* (1846-1929), de l'altra. I els hi enviem còpia del text manuscrit de *'Notícia del Cementerio de Lérida llamado 'lo Garrut'.*

39.* 27/06/2017. De *CAEM* (UdL) ens contesta *Isidre Puig,* màster en peritatge, avaluació i anàlisi d'obres d'art, i com a centre de la UdL diu que prèviament haurien de fer un pressupost dels treballs de recerca a realitzar.

40.* 28/06/2017. Correu de la cap del *CECS* que facilita un llistat de pistes per escorcollar la documentació de l'*Arxiu de la Paeria* en l'època d'inici del cementiri i en seleccionem els següents 3 documents: 01578 del 1881-1886 sobre expedients relacionats amb els primers nínxols de *Santa Cecília* / 01563 del 1882/01/02 sobre projecte de nínxols i galeries a *Santa Cecília* / i 09148 del 1884-1884 sobre plànol del projecte.

41.* 30/06/2017. Al Ple d'aquest juny de l'Ajuntament les 5 entitats que van votar a favor presenten un *Prec* per instar del govern municipal 5 qüestions: convocar aviat el *Consell de Patrimoni* ; ampliar fins a 30 dies hàbils el *termini d'al·legacions* de l'endemà que el *Consell* emeti un informe; ampliar la moratòria en la *suspensió temporal del procediment* d'enderroc; convocar els experts necessaris a petició dels membres del *Consell* per tal d'*assessorar* aquest en les matèries d'arquitectura, art, història, cultura i urbanisme; i el *Consell* disposarà de 2 mesos hàbils per analitzar la informació i emetre l'informe. Però, el tema experts, *locals* o *forans,* no va quedar gens clar.

42.* 4/07/2017. Es queda amb la cap del *Centre d'Estudis Comarcals* per anar avui a escorcollar l'arxiu municipal a les 9:30 h. i contactem amb *Iolanda Enjuanes* que ja té preparats els 3 documents, descobrint que pòrtics i blocs de nínxols foren executats per l'arquitecte *Ramon Portusach i Barrató* (1846-†1915), sotscap de *Víes i Obres* de la companyia ferroviària del Nord, a qui el van destinar a Lleida, on esdevingué *arquitecte municipal* i aixecà l'estructura metàl·lica del *mercat de Sant Lluís,* el nou recinte funerari i potser l'*Asil* modernista d'infants *Borràs* (1901), quan el fan aleshores cap de *Víes i Obres* per dirigir la construcció del ferrocarril d'Osca a Jaca. Paguem per la còpia digital del plànol del projecte de nínxols i galeries a escala 1/50 i també les 6 còpies del *Plec de condicions facultatives* de data 2 de gener de 1882, que és l'autèntica joia de la corona.

43.* 4/07/2017. Suggerim convocar una sessió de treball a l'*Ateneu de Ponent* per debatre amb 4 grups municipals i altres entitats l'estratègia a seguir en una reunió a celebrar amb el *Consell de Patrimoni* per a la setmana vinent, contactant al respecte amb *Soriano Montagut* per poder disposar del local l'endemà dijous a les 18 hores.

44.* 4/07/2017. Pugem a la quarta planta de la Paeria per mostrar als dos caps del *PP* els *'forats negres'* a les teulades dels altres departaments funeraris, i tot seguit s'apressen a localitzar-ho i evidenciar-ho en el seu propi ordinador.

45.* 5/07/2017. Notifiquem *on line* la descoberta de l'autoria de *Santa Cecília* a *Isidre Puig*, arquitecte de la *CAEM* (UdL) i a l'historiador de l'art *Sergi Fuentes Milà*.

46.* 6/07/2017. A les 6 reunió a l'*Ateneu Popular de Ponent*, frustrada perquè pensen més en fer una trobada multitudinària al cementiri el dia 19, que no en presentar una *nova moció* per allargar el període de no enderroc. El *director de l'Orfeó* i portantveu de les entitats va imposar la seva teoría de no fer sang i molta vaselina. Amb l'arquitecte *Soriano* quedem en trametre un exemplar digital del Dossier a l'atenció de la junta de l'*Ateneu*.

47.* 7/07/2017. De l'arxiu municipal ens comuniquen no haver trobat cap altre projecte signat per *Ramon Portusach*, llevat del corresponent al funerari de *Santa Cecília*.

48.* 9/07/2017. S'acaba d'enllestir el definitiu Dossier sobre *Santa Cecília*, ara ja amb moltes més pàgines.

49.*. 10/07/2017. Contestació de *Sergi Fuentes Milà*, doctor en Història de l'Art a la Universitat Internacional de Catalunya, qui ens recomana de contactar amb l'*Albert Velasco* com a bon expert i professional de l'àmbit lleidatà.

50.* 14/07/2017. Es fa la repesca de 8 membres de la plataforma ciutadana *Memoràndum* que no van poder signar el document en dies passats, però 4 o 5 han faltat a darrera hora per motius diferents.

51.* 15/07/2017. Sabem ja que la convocatòria de la sessió del *Consell de Patrimoni* de la Paeria és per al dia 20 a les 12 h, a la sala de *'la Canonja'* de la Seu Vella, i es prega confirmar-ne l'assistència. Però cal demanar plaça com a oient?

52.* 17/07/2017. A l'*OMAC* de la Paeria on ens espera una llarga cua de gent i quan ens toca el torn l'administrtaiva ens posa absurds entrebancs en els 3 tipus de documentació presentada a enregistrar i en retorna un perquè la relació de membres de la plataforma ciutadana és un fotocòpia i no pas amb les signatures originals. També estampa el segell dels altres dos, però sense consignar-hi la data de lliurament.

53.* 18/07/2017. Apleguem els correus electrònics dels 35 membres que integren el *Consell de Patrimoni*, i decidim de *motu pròpio* fer la feina que no han fet els grups municipals que ens van embarcar en l'aventura recelosa del *Consell de Patrimoni*, i que és fer arribar a cadascun d'aquests membres, via *on line*, el *pack* sencer de l'*informe pericial* (18 pàgines), el totxo del Dossier (85 pàgs.) i l'original i traducció al català del *Plec de condicions facultatives* de l'arquitecte *Ramon Portusach* de l'any 1882.

54.* 18/07/2017. L'*Alcaldia* ha decidit ajornar la sessió del *Consell de Patrimoni* del dia 20 per al dia 13 de setembre i rebem gest conciliador del director de l'*Orfeó* per anunciar-nos que demà no fan la concentració al cementiri, ni la roda de premsa previstes, sinó que enviaran el *manifest elaborat* a tots els mitjans de comunicació locals.

55.* 19/07/2017. Setze entitats lleidatanes presenten a l'equip de Govern i als grups de l'oposició de l'Ajuntament de Lleida un manifest a favor de la preservació integral del departament de *Santa Cecília* i demanen declarar-lo *Bé Cultural d'Interès Local* (BCIL) per ser el més antic.

56.* 28/07/2017. Descobert que qui va projectar el 1926 el Metro Transversl de Barcelona, en *Esteve Terradas i Illa*, doctor prodigiós de la física i matemàtica del seu temps, era un entusiasta de la *volta catalana* de *maó de pla*.

57.* 2/08/2017. Rebem felicitació d'en *Josep Tort i Bardolet* (historiador, comissionat per a la candidatura del *Turó de la Seu Vella* a Patrimoni de la UNESCO), per la '*bona feina documental, un bon criteri patrimonial i una actitud cívica que celebro*'.

58.* 13/09/2017. Reunió del *Consell de Patrimoni* de la ciutat a '*la Canonja*' de la Seu Vella. Mala peça al teler, ja que va cloure's amb l'ambigu text del decret quan s'hi refereix: '*donant conformitat al projecte municipal que preveu la restauració dels espais singulars que doten d'identitat al departament* (façanes, arcades, elements comuns i jardins que conformen el conjunt monumental)'.

59.* 15/09/2017. Un bloc de 140 nínxols del cementiri de *Montjuïc* de *Barcelona* s'ha ensorrat parcialment segons sembla perquè els cossos o caixes dels nínxols estaven fets amb prefabricats de forma cúbica, i són els que s'han desplomat. Algunes restes òssies van quedar al descobert i s'han barrejat. Per tant, mal auguri.

60.* 16/09/2017. Correus electrònics adreçats als 5 grups municipals i al *Centre d'Estudis Comarcals* relatius a comentaris sobre el que ha dit la *premsa local* de la reunió del Consell municipal del dia 13 a *'la Canonja'* de la Seu.

61.* 13/12/2017. *Decret de l'Alcaldia* de Lleida declarant la ruïna perimetral de les 4 parets porticades de *Santa Cecília*, desestimant *'manu militari'* totes les al·legacions formulades.

62.* 3/01/2018. A través del *BOP* es fa públic el *decret d'Alcaldia* de ruïna de les parets de nínxols *A, B, F* i *G* del departament funerari de *Santa Cecília*, després d'un llarg i trist calvari durant no menys de deu mesos d'al·legacions personals i col·lectives, dictàmens pericials, articles de premsa, moció transaccional aprovada en Ple municipal, dictamen pericial tècnic i contradictori acompanyat d'un Dossier exhaustiu de més de 85 pàgines lliurat a la Paeria i grups polítics del cartipàs municipal.

63.* 20/01/2018. En desfer-se la tribuna d'autoritats durant la desfilada dels *Tres tombs*, emprenem la persecució d'un alcalde Àngel Ros capcot, que sense parar va repetint *'ara no toca'* a les queixes i preguntes que li fem sobre *Santa Cecília* mentre tots caminem.

64.* 30/01/2018. Amb aquesta data d'avui la Paeria ha inclòs el conjunt arquitectònic i patrimonial de *Santa Cecília* en el *Catàleg de Béns Protegits* del POUM de Lleida, amb una fitxa que l'identifica com a *BPU* (Bé Protegit Urbà) catalogat amb la referència 045.02 CA, on es diu què hi faran en ordre a protegir-lo (¿), i sobre el qual s'hi poden presentar al·legacions fins al dia 16 de juliol d'enguany.

65.* 2/02/2018. Acabem un estudi de recerca sobre 77 columnes de nínxols i 385 nínxols de *Santa Cecília*, així com de 217 cognoms de llinatges de gent lleidatana.

66.* 16/02/2018. Treiem copia de 4 cares de pàgina sobre el *Catàleg de Béns Protegits* del POUM de la Paeria que han penjat a la xarxa i només pel que fa a les fitxes relatives al departament funerari de *Santa Cecília*, el qual dóna peu a fer un article per a la premsa local.

67* 10/03/2018. Fem el resum sobre *etimologia* dels 217 cognoms de les parets *A* i *B* de *Santa Cecília*, resultats que es resumeixen al fitxer del Dossier sobre la matèria. I també un resum sobre la llengua d'origen dels mots i topònims (etimologia).

68.* 2/07/2018. Enllestim la *pericial* a signar per *Santiago Suñol i Molina* certificant sobre la *'unitat predial'* que formen el conjunt dels 4 blocs de *nínxols* i les *galeries porticades* de *Santa Cecília*.

69.* 9/07/2018. Lliurament a la Paeria de dos volums iguals d'al·legacions al *POUM* juntament amb la *pericial* anterior versant sobre la *'unitat predial'* acreditada i signada per *Santiago Suñol i Molina*.

70.* 18/07/2018. Enviem còpia de les al·legacions al POUM i de l'informe pericial sobre la *'unitat predial'* als 4 grups municipals de *Comuns*,

ERC, Crida-Cup i *PDECat*. Comuns són els primers a contestar i a enviar la seva al·legació al *POUM*.

71.* 1/08/2018. L'*Àngel Ros i Domingo* plega d'alcalde de Lleida i va d'ambaixador al Principat d'Andorra. I el dia 29 d'agost és investit Paer en Cap *Fèlix Larrosa i Piqué*, abans cap d'*Urbanisme* de la mateixa Paeria.

72.* 17/12/2018. El Servei de Correus distribueix avui notificacions de la Paeria adreçades als *titulars de nínxols* de *Santa Cecília* per certificar-ne rebut de la resolució presa per edicte de l'Alcaldia amb data 4/12/2018 respecte dels continguts del decret de 13/12/2017 i que, signada per la *Cap de la Secció de Salut* per delegació del Secretari General, assenyala un termini de 50 dies hàbils abans de l'enderroc perquè hom decideixi on es deixen les despulles dels difunts que allí guarden silenci. Segons la premsa local d'avui que publica la notícia, són 255 els propietaris de nínxols afectats i expropiats.

73.* 10/01/2019. Trobada a la tarda de quatre membres de la plataforma cívica *Memoràndum* al bar *Abad*, en què la *Dolçi Vilaplana* vol donar la cara i demanar audiència al nou paer en cap *Fèlix Larrossa*, tal vegada dilluns.

74* 14/01/2019. Tres membres de la plataforma '*Memoràndum*' contacten amb la nova secretària de la Paeria, a qui li donen tota mena d'informació sobre el tema de l'enderroc dels nínxols i ella pren nota dels telèfons per dir-nos dia i hora de la trobada amb el nou alcalde *Fèlix Larrossa i Piqué*, que avui precisament és a Barcelona i és el dia de la seva onomàstica.

75* 15/01/2019. Enviem via *on line* a través del formulari en la pàgina *web* del *Síndic de Greuges de Catalunya* i amb el text comprimit, un fitxer *word* de 18 pàgines i 5,4 Mb, i l'altre de 28 pàgines i només 0,37 Mb. Ho reben segons notificació el dia 16 amb núm. de registre S-03591/2019.

76* 21/01/2019. Rebem carta del *Sindic de Greuges* com a contestació al nostre escrit i ara ens demana que en fem un altre estrictament de '*queixa*', que enviem l'u de febrer.

77*.29/01/2019. Ens truquen de l'Àrea de Salut Pública perquè el dia 4 de febrer compareguem a l'una del migdia a fi de parlar amb la doctora *Mercè Tor i Palau*. Està clar que el paer en cap *Felix Larrossa* no ens vol veure i li ha passat la pilota a la doctora cap d'àrea.

78*.4/02/2019. Avui, juntament amb la *Dolçi Vilaplana*, entrevista a les oficines de l'Àrea de Salut municipal, al núm. 10 del carrer Cavallers, amb la doctora *Mercè Tor*, que s'ha mostrat amable, conversadora, neutral, espolsant-se qualsevol responsabilitat al·legant que ella fa el que li diuen els tècnics professionals, etc. En net hem tret que la data de presentar recurs fineix el 28 de març, que podrem tornar a posar la nostra *làpida*, que els nous nínxols seran una imitació de la *volta catalana* (o potser un nyap), que faran fotografies de tots els nínxols abans de l'enderroc, etc. Per la nostra part, hem fet retret de la poca consideració de la Paeria envers nosaltres no permetent-nos estar com a oients en la sessió del *Consell de Patrimoni* quan tantes i tantes aportacions hem fet sobre el cas. Més que una antesala a la trobada amb el Paer en cap, ha estat una suplantació per no haver de donar la cara.

79*.5/02/2019. Rebem contestació a l'escrit de *Queixa*, que la *Sindicatura de Greuges* ha anotat amb el número Q-01252/2019 i té com a núm. de registre de sortida S-06893/2019, i que tan aviat com hagin estudiat el nostre cas, ens informaran puntualment de les seves gestions. Ens recorden, però, que la tramitació de la *queixa* no suspèn ni paralitza cap acte judicial o administratiu. També hem de triat el mitjà pel qual volem rebre les seves comunicacions (paper o digital).

80*.12/02/2019. Rebem amb núm. de registre de sortida S-09792/2019 contestació del *Síndic de Greuges,* que després de diverses consideracions enraonades diu que '*no resulta possible la intervenció d'aquesta institució en els termes plantejats'*, però s'ofereixen a valorar-ho si no rebem respostes a les al·legacions del *POUM* o a un recurs contra el Decret d'Alcaldia.

81*.15/02/2019. Contestem la carta del *Síndic de Greuges* acompanyada d'un text de tres pàgines.

82*.19/02/2019.'*La Mañana'* confirma haver acabat la Paeria d'excavar les 5 fosses del mausoleu al recinte de *Santa Cecília* i que el dia 28 de març començaran les exhumacions, anunciant que ja es tanca al públic la porta d'accés antiga que dóna a la rotonda.

83*.21/02/2019. Rebem amb núm. de registre de sortida S-13026/2019 contestació del *Síndic de Greuges* en referència a la nostra *queixa*, tot dient que la legítima discrepància de criteri amb els tècnics municipals, no pot ser objecte de la seva valoració. D'altra banda afegeix que s'adreça a la Paeria perquè l'informi sobre el fet de no haver rebut cap resposta a les al·legacions al POUM presentades el mes de juliol de 2018.

84*.28/02/2019. L'editor *Josep Ma. Orteu* de '*Llibres de l'Índex'* es mostra interessat en publicar el present llibre sobre la devastació de *Santa Cecília.*

85*.26/03/2019. Rebem correu electrònic amb registre de sortida d'avui i referència S-20832/2019 del *Síndic de Greuges de Catalunya* en relació a la nostra *queixa*, en el qual ens notifica haver demanat informació a l'Ajuntament de Lleida sobre si es va donar resposta a les al·legacions que vam formular en fase d'informació pública de l'aprovació inicial del POUM, havent contestat el consistori que aquesta resposta expressa la faran efectiva en el tràmit d'aprovació provisional del POUM de data encara no concretada, i si aleshores no ho fessin, insisteix el Síndic en què l'hi fem saber per tal de valorar-ho.

6.2. ARTICLES EN PREMSA ESCRITA, DIGITAL I AUDIOVISUAL I CAPTURA D'ELEMENTS VISUALS

1.* 6/03/2017. Nota del diari 'La Mañana' comunicant que la Paeria avisa de l'enderroc de 700 nínxols en ruïna i que s'hi poden presentar al·legacions.

2.*3/04/2017. El diari 'La Mañana' ens publica un article titulat 'Res de bona nit i tapa't', on propugnàvem reconsiderar tant desatent, incivil i lesiu projecte d'enderroc, per no fer-ho tot més trist, llunyà i difícil, com es queixava Martí i Pol. L'endemà ho publica el diari Segre.

3.*4/04/2017. 'La Mañana' d'avui ha publicat un article del periodista Diego Aránega, en què diu que les famílies amenacen de recórrer al jutjat i que només expropiïn els nínxols verament ruïnosos.

4.*5/04/2017. Nou article d'Aránega segons el qual la Paeria insisteix a enderrocar els nínxols de Santa Cecília perquè la seva rehabilitació és 'inviable'.

5.*9/04/2017. El diari 'La Mañana' ens publica l'article titulat 'Ritornello', en què tornem a parlar sobre l'espoli i enderroc dels nínxols. En canvi no ho publica el diari Segre.

6.*11/04/2017. El tinent d'alcalde Xavier Rodamilans ens dedica un article al diari 'La Mañana' titulat 'Resposta a Santiago Suñol', de 40 línies, en què educadament i presumint de sensibilitat ens vol encolomar una forta repulsa.

7.*30/04/2017. El diari 'La Mañana' ens publica finalment l'article enviat dies passats titulat 'Salvem el patrimoni del segle XIX', però no així el 'Segre'. Ara bé, han canviat la foto, subtituint la de porxos que fa patxoca per una altra de nínxols vells. Emsems, donen notícia de que les famílies apel·len al valor històric per tal d'evitar la declaració de 'ruïna'.

8.*2/05/2017. El diari 'Nació-Digital' ens publica un article de rèplica sobre la 'unitat predial' de nínxols i porxos, juntament amb la foto panoràmica dels porxos i tota la renglera d'arcades de Santa Cecília, que també els hi varem trametre amb el text.

9.*4/05/2017. El diari 'La Mañana' publica una nota segons la qual només 10 famílies al·leguen contra la demolició dels nínxols, mentre que 73 n'assumeixen la decisió municipal i 213 no es manifesten.

10.* 6/05/2017. El diari 'La Mañana' publica a la secció d'opinió l'article 'Nínxols porticats en perill', tot i que sense incloure-hi la foto panoràmica dels porxos.

11.* 9/05/2017. Nota de premsa del president del grup municipal de *PDEcat*, compartint l'opinió dels afectats contrària a la demolició del nínxols.

12.* 12/05/2017. Diari *'Segre'* publica un article de la periodista *Laura Ribé* i del seu company tot exposant les opinions oposades del tinent d'alcalde, el doctor *Xavier Rodamilans*.

13.* 13/05/2017, Article titulat *'Bigues de fusta podrides'* de rèplica al tinent d'alcalde, el doctor *Rodamilans*, publicat a *'Nació-Digital'*.

14.* 15/05/2017. Avui el diari *'Segre'* publica el passat article que *'La Mañana'* va reproduir ja el 30 d'abril sobre *'Salvem el Patrimoni del Segle XIX'*.

15.* 6/06/2017. Escrit al diari *'La Mañana'* d'*Oriol Valgañón Barberà* de Raïmat felicitant la plataforma ciutadana *'Memoràndum'* pels acords presos en la sessió de moció a la Paeria del dia 26.

16.* 6/06/2017. Video de la TV *lleidatana* amb les declaracions de *Fèlix Larrosa*, cap d'Urbanisme de la *Paeria*, i sobre les quals informa l'endemà el diari *'La Mañana'*.

17.* 13/06/2017. Enllestim un altre article titulat *'Accés limitat i restauració'*, referit a l'accés limitat de les quatre galeries mitjançant encerclat amb cordons de cinta després d'uns 8 mesos de promulgat el decret de ruïna, quan el termini reglamentari per fer-ho és a les 72 hores subsegüents.

18.* 15/06/2017. Un nou article titulat *'La memòria posada en qüestió'* també referit a Santa Cecília.

19* 17/06/2017. Article de rèplica al diari *'Segre'* per part d'*Urbanisme-Equipaments*, que no té desperdici i titulat *'Diversos nínxols de la part ruïnosa del cementiri ja s'han esfondrat'*, tot fent nosaltres una contrarèplica rigorosa de les imprecisions que conté.

20* 20/06/2017. Publiquen al diari *'Segre'* el nostre article titulat *'Forats Negres'* acompanyat de fotografies aèries de l'ICGC de Catalunya d'altres teulades dels departaments de *Sant Miquel*, *Santa Maria* i *Sant Jordi* del mateix cementiri de Lleida amb profusió d'esvorancs.

21.* 2/07/2017. Treballem en fer un *video funerari* sobre *Santa Cecília*.

22.* 4/07/2017. Al diari *'La Mañana'* ens publiquen el darrer article sobre el *'Canvio de Xip'*.

23.* 14/07/2017. Enviat a la premsa l'article titulat *'Us esperem al temple de la mort'*, que es publica l'endemà en els diaris digitals, però no en els de paper.

24.* 16/07/2017. Avui el diari *'La Mañana'* publica l'article sobre *'El Temple de la Mort'*.

25.* 17/07/2017. L'Ajuntament ha començat a pressionar les entitats fent-los-hi xantatge davant la perspectiva d'una concentració multitudinària el dia 19 al cementiri i el director de l'*Orfeó* i portantveu de les entitats vol fer-se enrere, i per complaure'l truquem al diari *'Segre'* perquè no publiquin l'article sobre *'El Temple de la Mort'* on s'anunciava la convocatòria. Insòlit relat.

26.* 20/07/2017. Acabem per a la premsa local un altra article titulat *'Judici salomònic?'* amb foto de la galeria porticada de l'arquitecte *Ramon Portusach* inclosa.

27.* 21/07/2017. Redactem el segon capítol de l'article sota el títol de *'Judici salomònic?'* enviat ahir a la premsa com a resposta al que ahir o abans d'ahir deia el *Fèlix Larrosa*, cap de l'Urbanisme municipal, que estan disposats a preservar les *arcades*, però no els blocs de nínxols. Aquest segon es titula *'Caixa o faixa'* i al capvespre de l'endemà ja l'havia publicat un diari digital.

28.* 25/08/2017. Donem per acabat el *video* sobre *Santa Cecília* en penjar-lo a la xarxa a través del *Facebook* i fer-ne la prova. Visionar-lo dura *40 minuts* i l'hem titulat *'Memòria i patrimoni'*. El dia 25 de setembre, al cap d'un mes, ja havia tingut 514 visites.

29.* 16/09/2017. Trametem a la premsa local un article titulat *'De la Ley a la Ley'*, sobre la passada i frustrada reunió del *Consell de Patrimoni* municipal a *la Canonja* de la Seu Vella de Lleida.

30* 23/09/2017. Afectats per l'ensorrament de nínxols a *Montjuïc* reclamen accelerar *proves* d'*ADN*. Fins ara s'han identificat i inhumat en altres nínxols 63 difunts. Dels 144 nínxols afectats, 68 es van *enfonsar completament*, de 24 se'n *desconeix encara l'afectació*, 24 més no es van arribar a *enfonsar* i 28 es van *enderrocar* per motius de seguretat.

31* 28/09/2017. Avui el diari *'La Mañana'* publica l'article *'De la Ley a la Ley'*. En canvi el *Segre* 'fer muts i a la gàbia'.

32.* 13/10/2017. El nostre video arriba a les *600 visualitzacions* a les 17:15 hores d'avui.

33.* 30/10/2017. *'Nació-Digital'* ens publica avui l'article dedicat a la memòria de la *Pepi Bert* i al significat de la mort i dels espais sagrats, i l'endemà ho fa també el diari *'Segre'* i a la diada de Tots Sants també 's'hi apunta *La Mañana'*.

34.* 2/11/2017. Diari *'Tot-Lleida'* ens publica una darrera nota sobre *'La cultura de la mort'*, en què fins i tot la tecnologia ha obert camins insòlits per a evocar la memòria dels que ens han deixat, tot substituint la identitat física condemnada a esvanir-se per la digital que roman.

35.* 8/01/2018. Enviem a la premsa local un nou article titulat *'Rèquiem per a Santa Cecília'* arran de la publicació al *BOP* del decret d'Alcaldia de ruïna de les 4 parets de nínxols.

36.* 11/01/2018. El diari digital *'Hola-Lleida'* publica el llarg article titulat *'Rèquiem per a Santa Cecília'* i el dia *13* ho fa també el diari *'La Mañana'* ocupant tota una plana d'opinió.

37.* 23/01/2018. El digital *'Tot-Lleida'* ens publica el primer article d'una trilogia titulada *'El bloc funerari de Santa Cecília'* i en dies successius la resta.

38.* 23/01/2018. El diari digital *'Hola-Lleida'* publica avui tots tres articles junts sobre el bloc funerari *'A'* de *Sta. Cecília*, incloses les fotos que els acompanyaven respectivament.

39.* 19/02/2018. Article publicat a *'Tot-Lleida'* sobre *'El catàleg de béns del POUM a 'Santa Cecília''* i que el torna a publicar amb data 22 d'aquest mes, havent estat repiulat a l'alcalde Àngel Ros i als grups municipals, contestant tres d'aquests amb l'habitual *'m'agrada'*.

40.* 9/03/2018. El digital *'Hola-Lleida'* ens publica l'article *'Salvem almenys els llinatges'*, com a segon capítol del *Rèquiem per Santa Cecília'*.

41.* 19/03/2018. A manera de rèplica de la notícia que sobre la demolició de *Santa Cecília* ha publicat el passat dia 17 el diari *Segre*, avui el diari digital *'Hola-Lleida'* ens publica aquest article titulat *'Rèquiem per 'Santa Cecília'* i vejam si les autoritats *mmmu-nicipals* se n'avergonyeixen d'una vegada per totes. També enviem la segona part d'aquest text titulat *'Salvem almenys els llinatges'* que es publica el dia 30 de març.

42.* 25/10/2018. El diari digital *'Tot-Lleida'* publica d'una sola patacada els dos capítols de l'article *'Salvem els nínxols de Santa Cecília'*.

43.* 30/010/2018. *'La Mañana'* publica el primer capítol de l'article *'Salvem els nínxols de Santa Cecília'* i l'endemá, diada de Tots Sants, el segon capítol.

44.* 4/11/2018. Finalment el diari *'Segre'* ens publica el primer dels dos articles *'Salvem els nínxols de Santa Cecília'*.

45.* 30/12/2018. El diari digital *'Tot-Lleida'* publica el nostre article titulat *'Runa o memòria triomfant sobre la foscor?'* Però *'La Mañana'* ens comunica que essent massa llarg desitjaria que el fessim escurçar, cosa que fem partint-lo salomònicament en dos, respectivament publicats els dies 8 i 9 de gener del 2019.

46.* 17/01/2019. A *'Tot-Lleida'* ens han publicat l'article sobre *l'Entrepà dels nínxols*, però les dues fotos no han sortit. A més s'ha de clicar al sector d'*Opinió* del diari i demanar per *Suñol*, sinó no apareix.

47.* 17/02/2019. Avui el diari digital *'Tot-Lleida'* ens ha publicat l'article *'Homenatge a Portusach'*, enviat fa un segle...

48.* 3/03/2019. Prenem fotografíes de les *cinc fosses* ja excavades i del descabellat *mausoleu* que s'ha fet construir el doctor *Xavier Rodamilans* al costat nord-oest de l'illa central núm. 2 de *Santa Cecília* i que oculta i deixa en segon pla tota la vista de la tirallonga d'arcades i pilastres.

Cinc *fosses* excavades i *mausoleu*

49.* 22/03/2019. Enviat a la premsa local un article amb el mateix títol que la temàtica que tracta, és a dir, la *'Rèplica a Xavier Rodamilans'*, qui recentment es desfeia en elogis i sentimental gesticulació envers el famós músic i pianista lleidatà Ricard Viñes enterrat al *bloc F* de Santa Cecília, tot dient que un cop anat tot en orris en el nou que s'hi aixequi en retornaran ses despulles amb l'ornamentació i el nou tracte que mereix, com si fos l'únic prohom del passat immediat de la ciutat que hi reposa dignament. Només fou publicat pel digital *'Tot-Lleida'* l'endemà dia 23.

50.* 26/03/2019. Tramesa a la premsa local de paper i digital d'un darrer article titulat *'Fem números vergonyants i prou d'enganys'*, davant l'explícit reconeixement de l'escassetat de nínxols disponibles en la necròpoli lleidatana, i tot just publicat el darrer dia de març, evidentment només per *la Mañana* entre tots els temorencs àmbits mediàtics locals de comunicació a l'hora de posicionar-se en reconeguda equanimitat.

51.* 12/04/2019. Divendres dels Dolors o de Passió, segons la litúrgia cristiana i en commemoració dels Dolors de Maria. Com a damnificats pel procediment d'enderroc ens hem personat en la tarda del dia d'avui a les 15:30 hores a l'operació de desballestament dels dos nínxols del bloc B dels quals la meva família en som tenidors, amb l'objecte d'extreure'n la colla de paletes a cops de broca amb martell els marcs metàl•lics vidriats i les làpides de tancament frontal, i a continuació els sudaris o llençols que embolcallen les restes de fins a 15 avantspassats nostres inhumats entre els anys 1881 i 2014, finalment ara reinhumats en una altra indret del pavelló contigu de *Sant Josep*. Gairebé tots els nínxols del bloc B són ja totalment buits i sense tancaments frontals i ara es pot observar en cadascun la disposició indemne i sense esquerdes de les *voltes rebaixades de maó de pla* en tota la profunditat del seu interior, formant el conjunt un bloc massiu, sòlid i compacte de material ceràmic que despullat de tota mena d'arrebossats és d'impossible esfondrament estructural

EPÍLEG

Ciutadans i elits locals, en som prou conscients del despropòsit històric i imperdonable que som a punt de consumar irreversiblement? Com serem jutjats per les generacions futures, orfes de béns arquitectònics amb signes visibles de com era un passat ara sota una forassenyada amenaça d'esvanir-se del tot? Serem titllats de matussers anorreadors d'heretats patrimonis culturals en nom de ves a saber quins tripijocs de rebotiga diguem-ne que morbosos, i mai millor dit, oi?

Ara que s'apropa l'equinocci de primavera i que sembla que bufen altres vents, alguns esperaven més gestos del relleu en l'alcaldia, perquè un Paer en Cap ha de saber escoltar les queixes de tothom i respectar el patrimoni. I si com ell, jo també sento molta tristesa per l'espoli de les obres a Sixena, penso que també fora bo que s'avancés a la tristor que ben aviat envairà l'ànima dels seus conciutadans, presents i de demà, per aquest malson que ens ha deixat extenuats durant dos llargs anys, posant-hi fi al malèvol acte administratiu obrint la porta no a la judicialització per via contenciosa de la resolució municipal a impugnar, allargant més el dol davant la presumible manca de transparència dins l'enteranyinada voràgine dels procediments burocràtics, sinó decretant simplement la nul·litat de tan aberrant projecte de carregar-se un bé patrimonial que estava en el llindar de convertir-se en BCIL a través d'un POUM que tampoc mai acaba de fer net.

I en conseqüència aquest 'salvem Santa Cecília' seria el millor regal públic de la corporació en sintonia i bona harmonia amb el renaixement de l'esperança i de la llum que a partir de la més llarga i tenebrosa nit hivernal actual ens aportaria aquest pròxim equinocci de primavera *triomfant sobre la foscor*, com volia el poeta.

Bibliografia i legislació

ANUARIS DEL COAC. Anuaris digitalitzats publicats per l'Associació d'Arquitectes de Catalunya (1899-1930).

ÀREA DE SALUT PÚBLICA DE LA PAERIA. '*Panteons i tombes del Cementiri de Lleida*'. Catàleg historicoartístic. Pagés Editors, 2015. Llibre coordinat per Mª Mercè Tor i Palau, en què hi han participat els historiadors Carmen Bermejo, Fernando Arnó i Roberto Teixidó.

ARXIU MUNICIPAL DE LLEIDA. Fons documentals d'institucions laiques i religioses, així com actes dels plens municipals (1893-1969).

BARALLAT I FALGUERA, CELESTÍ. '*Principios de botánica funeraria*', 1885. Obra reeditada i traduïda el desembre de 2013 per l'Editorial Base. L'autor (1840-1905) és lapidari pel que fa a la vegetació dels cementiris i es considera un dels pares dels cementiris moderns a Europa.

DICCIONARI ALCOVER-MOLL. Diccionari català, valencià i balear (1930), consultable en línia que recull tot el lèxic del català. És obra conjunta de Francesc de Borja Moll i Antoni Ma.Alcover.

FONS DOCUMENTAL de l'Antic Hospital de Santa Maria, custodiat pel Servei del Patrimoni Bibliogràfic i Documental de l'Institut d'Estudis Ilerdencs (IEI).

LEANTE I GARCÍA, RAFAEL. 'Tratado de Cementerios'. obra de l'ardiaca de la Santa Iglesia Catedral de Jaca i soci de la Tipografia Mariana de Lleida, 1887. Inclou el Reglamento de la Junta Administrativa del Cementerio General de Barcelona, Título XIII, en què tracta 'De las obras y policía del establecimiento'.

LLEGAT SOL-TORRES. Col·lecció de documents digitalitzats del fons antic del llegat de Romà Sol i Carme Torres, dipositats a la Biblioteca de Lletres de la Universitat de Lleida (UdL).

LLEI DEL PATRIMONIO HISTÒRICO ESPAÑOL, Núm. 16 /1985, de 25 de juny – BOE d'11 de desembre.

LLEI DEL PATRIMONI CULTURAL CATALÀ, Núm. 9/1993, de 30 de setembre – DOGC núm. 1807, d'11/10/1993. Té per objecte la protecció, la conservació, l'acreixement, la investigació, la difusió i el foment del patrimoni cultural català.

Notícia sobre el Cementiri de Lleida *'Lo Garrut'*, 1879. Tracta dels cementiris del segle xix, obra reeditada el 2012 per la UdL.

Reglament de disciplina urbanística, aprovat pel RD. 2187/1978, de 23 de juny.

Reglament de policia sanitària mortuòria, per Decret 297/1997, de 25 de novembre – DOG 2528, de 28-11-97.

Sentència de jurisprudència del Tribunal Suprem 14476/1991, *Sala de lo Contencioso*, núm. 1.296 de 10 de maig de 1991, sobre matèria d'urbanisme, ruïna parcial i unitat predial. Altra jurisprudència citada: sentències 13 març 1989, 27 juny 1989, 19 febrer 1990 i 20 novembre 1990.

Annexos

NOMENCLATURA DELS ELEMENTS ESTRUCTURALS DE LA *UNITAT PREDIAL PORXO+NINXOLS*

arcada. Obertura closa amb un *arc*, generalment de grans dimensions, que acostuma a servir de pas. *Arcuació.*

arquitrau. Carreu tallat en forma de paral·lelepípede que descansa directament damunt el *capitell* d'una columna.

basament. Conjunt de la *base* i el *pedestal* d'una columna.

bigueta. Biga petita, metàl·lica o de formigó, especialment la que en un *sostre* sosté els *forjats, revoltons o petites voltes, de poca llum,* que van d'una bigueta a una altra. Atès que han de treballar a flexió, són de fusta, formigó armat (o pretesat) o metàl·liques.

canalera o *canal.* **1.** En una teulada, cadascuna de les *fileres de teules* que són disposades damunt la trama de llistons amb la concavitat cara amunt, per tal que s'hi escorri l'aigua de la pluja. / **2.** Dit de la canal situada a l'extrem del *ràfec o filera de teules a fora de la teulada* i que sobresurt del pla de la façana. *Gàrgola.*

capitell. Element arquitectònic que corona sovint la part superior d'una *pilastra,* més ampla que la *canya* d'aquesta i més o menys adornada o esculpida, que serveix de suport a l'*arquitrau.*

carener o *carena.* **1.** Part més alta de la teulada, que la parteix en *dos vessants.* / **2.** Dit de la teula emprada per a cobrir la carena de la teulada, més grossa que les teules ordinàries. / **3.** Rengle de teules que es posen a la carena de la teulada.

claustre. Espai arquitectònic en forma de passatge interior cobert, d'una o dues plantes, sostingut per un *mur* a una banda i un *porticat* o una *columnata* a l'altra, que envolta o flanqueja un pati, un jardí, etc., i uneix diferents construccions d'un monestir, d'una catedral, d'un cementiri, etc.

coberta o *teulada.* Estructura que col·locada damunt un edifici, el protegeix de les inclemències del temps, especialment de la pluja i de la neu.

cornisa o *relleix.* Element arquitectònic sortint, generalment horitzontal i en forma de motllura, que *corona* de banda a banda una *façana.*

esquena d'ase. 1. Carener d'una coberta de *doble pendent* / **2.** Part superior d'una paret o d'altre element constructiu que forma un *pla inclinat a cada costat*.

forjat o **sostre.** Element estructural d'un edifici que separa *dos nivells* diferents.

fust. Part de la columna compresa entre el *basament* i el *capitell*. *Columna, canya.*

pilastra. Element arquitectònic semblant a la *columna*, però de secció quadrada o rectangular, sovint sortint d'un mur o d'una paret, als quals és adossat o dels quals en forma part. *Matxó, pilar, columna*

porxo. 1. Espai cobert, limitat lateralment per columnes o pilars, adossat pel costat oposat al de les columnes a una façana. *Porxada, pòrtic.* / **2.** Galeria coberta, amb columnes i/o amb arcades, que tenen alguns blocs de nínxols contigus en llurs façanes.

ràfec, barbacana o **voladís.** Part volada d'una teulada que sobresurt de la superfície plana de la façana.

vessant o **aiguavés.** Inclinació d'una teulada, etc., per on baixen o corren les aigües de la pluja.

CÀLCUL DELS VOLUMS DE RUNA PER ENDERROC DELS BLOCS DE NÍN XOLS A, B, F I G

Dimensions d'una peça de maó massís ceràmic: 29x14x2,5 cm = *1.015 cm³*
   1 m³ = 100³ cm = 1.000.000 cm³
   cm³ / 1.015 cm³ = *985,22 maons per m³*
   Pes *m³ de maò* = 985,22 maons x 1,70 kgs = 1.674,87 kg = *1,675 tones/ m³ runa-maó*
   Volum en *m³ de maó* d'un nínxol:
   1 paret lateral de gruix *15 cm* (2 mitges de 7,5 cm) = 2,60x0,82x0,15 m = *0,3198 m³*.
   1 relleix o sòcol de *2 cm* de gruix = 2,60x0,80x0,02 m = *0,0416 m³*.

1 carcanyol d'altures 0,10 i 0,05 m i longitud 0,80/2 m =2,60x0,40x (0,10+0,05)/2 = *0,078 m³.*

2 carcanyols = 0,078 m³x 2= *0,156 m³.*

1 paret de fons de 0,5 m de gruix i 0.82 m d'alçada = 0,82x0,5x(0,075+0,80+0,075) = *0,3895 m³.*

Volum total d'un nínxol = 0,3198 + 0,0416 + 0,156 + 0,3895 m³ = *0,9069 m3 ~ 1 m³.*

Per 160 nínxols bloc *A* = 160 x 0,9069 + final bloc [4,10x0,15x3,10] = 45,104+1,936 = *147,04 m³.*

Pes total de runa ceràmica del bloc *A* = 147,04 m³ x 1,675 tm/m³ = *246,292 tones.*

Nombre de camions de 16 tones de càrrega que cal = 246,292 / 16 = *15,4 camions.*

Volum en m³ de tot el bloc de nínxols:

Volum d'una columna de 5 nivells: 0,82 x0,95 x (2,60 + 0,50) x 5 = *12,07 m³.*

Volum total de totes les columnes: 12,07 x 32 +final bloc [1,936] = *388,176 m³.*

% de runa ceràmica sobre volum total: 147,04 m³ x 100 / 388,176 m³ = *37,88 %*

Volum en m³ de l'espai buit útil de tot el bloc de nínxols:

Volum buit d'un nínxol: 0,80x0,673x2,60 + (0,80x0,077x 2,60 / 2) = *1,48 m³.*

Volum total d'espai buit = 160 x 1,48 = *236,80 m³.*

Volum total del bloc = espai buit + runa ceràmica = 236,80+147,04 = *383,84 m³.*

Llarg bloc segons cotes ICGC: 30,73 m, o bé [32x0,95+0,075] = 30,415 m. **Mitjana:** *30,572 m.*

Volum grosso modo: llarg x alt x fons = 30,572 x 4,10 x 3,10 = *388,570 m³.*

Bloc	Núm. de nínxols	Tm. de runam	Núm. de camions
A	160	246,29	15,4
B	225	346,35	21,7
F	225	346,35	21,7
G	160	246,29	15,4
Totals	**770**	**1.185,28**	**74,2**

REGISTRE DE 385 COGNOMS DELS BLOCS
DE NÍNXOLS A, B, F I G

Aquest estudi es basa en els següents conceptes usant com a font primordial el Diccionari català-valencià-balear (DCVB) d'*Alcover* i *Moll:*

Etim: *etimologia* del cognom, és a dir, el seu origen d'acord amb llur evolució fonètica, morfològica i semàntica.

Llin: llocs on es troben descendents de cada *llinatge*.

Topon: toponímia o noms de lloc que se n'han derivat d'un cognom.

Agelet – *Etim: Llin.* Barcelona, Lleida.

Agustí – *Etim:* nom propi llatí *Augŭstīnus.*

Aige – *Etim:* incerta, potser llatí *ager = camp,* o bé *Agiria,* un poble preromà / *Llin.* Lleida.

Albà – *Etim.* nom propi llatí *Albanus = Blanc* / *Llin:* català, mallorquí. / *Topon:* poble prop d'Aiguamúrcia.

Albinyana – *Etim::* nom llatí de persona i lloc / *Llin:* català i valencià. / *Topon:* vila prop del Vendrell.

Alegre – *Etim;* del llatí *'alĕcre'.*

Aleu – *Etim:* nom propi del llatí *Alētius* / *Llin:* Barna., Girona, Tarragona i Castelló de la Plana.

Alfonso – *Etim:* la forma *Alfonso* o *Anfós* és castellana o aragonesa.

Almacelles – *Etim:* origen aràbic, segons Coromines / *Llin:* Lleida i Tarragona / *Topon:* vila del Segrià.

Alsinet – *Etim:* diminutiu d'*alzina,* del llatí *ĭlĭcīna* o *ēlĭcīna,* derivat de *ilex* / *Llin:*estès a Catalunya, València i Balears.

Amorós – *Etim:* format damunt *amor,* amb el sufix *–ós* / *Llin:.* català, valencià i balear./ *Topon:* ermita de Freixenet.

Andrés – *Etim:* nom propi d'home en *castellà* derivat del llatí *Andreas* / *Llin:* Alcoletge.

Aragonés – *Etim:* natiu o propi d'*Aragó,* regió espanyola. / *Llin.* català., valencià. i balear.

Ardanuy – *Etim:* ¿

Areny – *Etim:* del llatí *arēnium* o *arēnĕum* (derivat de arēna), 'lloc d'arena'.

Areste – *Etim:* del basc *are(i)s-ti,* 'arbreda'/ *Topon:* poble d'Àreu, al Pallars

Argilés – *Etim:*

Arias (ariasol) – *Etim:* plural de l'italià *aria = composició cantada* / *Llin:.* Lleida, Camarasa, Santa Linya, Foradada.

Armengol – *Etim:* nom propi germànic *Ermingaud* / *Llin:* molt estès a Catalunya i València.

Arnau – *Etim:* del nom propi germànic *Arnoald* / *Llin:* català i balear.

Arnó – *Etim:* cognom francès *Arnaud* / *Llin:* Barna., Arenys de Mar, Caldes d'Estrac, Masnou, Mataró, Alfarràs, Fulleda.

Ayguadé – *Etim:* qui té per ofici traginar o vendre aigua.

Balasch – *Etim:* nom propi *Balasc* equivalent a *Velasco;* francès *Balasque;* italià. *Balasco,* i relacionat amb el basc *bela* = *corb*, que, amb el sufix –*sk*, hauria donat un derivat equivalent a *corbera.*, sufix que denota un mot d'origen lígur segons Coromines / *Llin:* Agramunt, Albesa, Alinyà, Barna., Bonastre, Cervelló, Cornellà, Espluga de Francolí, Hospitalet, Pallejà, Ripollet, Tarragona, etc. / *Topon.* llogaret de Benavent de Tremp.

Baldellou – *Etim:* grafia antiga de *Valdellou* amb el significat de *Val de Lou* = Vall de llops. / *Topon:* poble de la comarca de Llitera (Franja de Ponent).

Ballespí (Vallespir) – *Etim:* nom personal del llatí *valle Asperii* / *Llin.* Barna., Rasquera, Mallorca, etc. Hi ha la variant ortogràfica dialectal *Vallespí*, existent a Barna., Aldover, Gandesa, Miravet, Pinell, etc / *Topon:* antic comtat i actual comarca a França, al nord de l'Empordà.

Ballester – *Etim:* Guerrer armat de ballesta. / *Llin:.* català.

Banyeres – *Etim:* del llatí *balneärïas* = lloc de banys./ *Llin:.* Alfarràs, Alguaire, Almenar, Barna., Borredà, Fonteta, La Bisbal, Rupià, St. Sadurní, Verges, etc. / *Topon:* poblet prop de St.Sadurní (Empordà), Vendrell, Lavansa, prop d'Alcoi, Porreres (Mall.) i partida de Sta. Col. de Queralt.

Baró – *Etim:* del germànic *barõne*, 'home lliure' / *Llin:* a Agramunt, Albatàrrec, Alcarràs, Algerri, Alp, Arbeca, Artés, Artesa, Barna., Caldes de Monbui, Valls, Vila-sacra, etc.

Barrera – *Etim:* derivat de *barra.*/ *Llin:.*Agramunt, Alacant, Alcanar, Cala de l'Ametlla, Amposta, Arenys de Mar, La Bisbal, Castelló, Ulldecona, Valls, Vilafamés, Vinaròs, etc.

Barrionuevo – *Etim:* castellà de l'àrab *barri* = *raval* i forma aglutinada = *barrio-nuevo.*

Beà – *Etim:* primera combinació de lletres que hi ha al *sil·labari.* / *Topon.* poble de Terol, prop de Calamocha.

Bellart – *Etim:*forma aglutinada = *bell art.* / *Llin:.* Anglesola, Barna., Belianes, Benicarló, Montmell.

Bellet – *Etim:* del llatí *bĕllu* = *bell*, en diminutiu / *Llin:.* Barna., Mollerussa, València., Palma Mallorca, etc.

Bellmunt – *Etim:* del llatí *bellu monte*, 'muntanya bella' / *Llin:* a Vic, Albocàsser, Benassal, Catí, Vila-rodona, València, etc. / *Topon:* poble de la plana d'Urgell i Bellmunt de Mesquí, al Matarranya (Baix Aragó).

Benet – *Etim:* nom propi d'home = *Benedictus* i de monjo / *Llin:* a Alcora, Alcover, Alcoi, Alacant, Altron, Amposta, Arenys de Mar, Artesa, Badalona, Balenyà, Barcelona, Blancafort, Castelló, La Sénia, Espluga de Francolí, Falset, Flix, Garcia, Godall, Guiamets, Marçà, Masó, Masroig,

Morella, Morera, Perelló, Picamoixons, Porrera, Querol, Rossell, Sabadell, Vallibona, Valls, Vilafamés, Xèrica, etc.

Benzo – *Etim:* mot castellà relatiu al *benzoe* dels botànics?

Berge/s – *Etim:* paraula pressa del fr. *bergèr,* 'pastor'.

Bergós (Vergós) – *Llin:.* Barna., Lleida, Vic, / *Topon:* llogaret d'Estaràs i de Cervera (Segarra).

Bernadó – *Etim:* derivat del nom propi *Bernat / Llin:* a Abella Conca., Barna., Caldes de Malavella, Palol de Reverdit, Reus, Sopeira, Vilanova-Geltrú, etc

Bert – *Etim:.* nom propi del germànic = *Berht./ Llin:.*Lleida, Borges Blanques.

Bertrán – *Etim:* nom propi germànic = *Berahthraban / Llin:* Abella de la Conca, Agramunt, Alcarràs, Alguaire, Alacant, Artesa, Avià, Avinyonet, Barcelona, Benassal, Calaf, Cambrils, Creixell, Elx, Guils, Igualada, Isòbol, Montblanc, Palamós, Terrassa, Urtx, Valls, Vulpellac, etc. Hi ha la variant *Bertrant* a Cadaqués, Premià, València, etc.

Bes – *Etim:* del llatí *basĭu* = acte de *besar / Llin:* existent a Arenys de Mar, Barcelona, Batea, Bétera, Bot, Falset, Girona, Llançà, Vandellòs.

Betriu – *Etim:* nom propi llatí *Beatrīce* = *Beatriu / Llin:* Alinyà, Barna., Manresa, Torrefarrera, etc.

Bigues – *Etim:* derivat de *bigal* = espinada / *Llin:* a Barna., Girona, Valls, etc.

Biscarri – *Etim:* del basc *bizkar* = esquena de muntanya / *Llin:* Barna., Cervelló, Falset, Gavà, Palafrugell, Vallirana, etc./ *Topon.* poblet de Benavent (Conca de Tremp).

Blada – *Etim:* del llatí *platănus*

Blanch (Blanc) – *Etim:* del germànic *blank* = *blanc./ Llin:* català.

Blasco – *Etim:* nom propi aragonès / *Llin:* estès al regne de València.

Boira.-*Etim:* del llatí *borĕas,* 'vent del Nord' /

Bondia – *Etim:* nom propi de dona aglutina *bon* – *dia/ Llin:.* Barcelona i Lleida./ *Topon:* llogaret a Montornés.

Bonet – *Etim:* derivat del llatí. *abonnis,* diminutiu de *bo / Llin:* molt estès per tot Catalunya, València i Balears.

Borràs – *Etim:* del llatí *bŭrracĕus,* 'de borra' /

Borrell – *Etim:* del llatí *bŭrrĕllus,* 'vermellet' / *Llin:.* a Àger, Alacant, Alcover, Alcoi, Almacelles, Almenar, Arboç, Arbúcies, Arenys de Mar, Artesa de Segre, Ascó, Aiguamúrcia, Badalona, Barberà, Barna., Benifallim, Benilloba, Benissa, Calafell, Catllar, Cocentaina, Falset, Miravet, Montbrió de Tarragona, Palamós, Pinell, Planes, St. Andreu Salou, Terrassa, Valls, Vilanova-Geltrú, etc.

Bordalba – *Etim:* aglutina *borda* – *alba* (blanca) / *Llin:.* Lleida, Torregrossa, etc.

Borràs – *Etim:* nom propi d'home en llatí = *Borracius / Llin:* arreu de Catalunya.

Bosch – *Etim:* del germànic. *bosk-= lloc poblat d'arbres* / **Llin:** molt estès arreu de terres de llengua catalana.

Bota – *Etim:* del llatí *bǔtte* /. **Llin:.** Alcúdia, La Bisbal, Casavells, Espluga de Francolí, Palma, Riells, Sta. Cristina d'Aro, Pollença, etc.

Broto – *Etim:* derivat de *brot = branquilló tendre, ull d'una planta.*

Bru – *Etim:* nom propi d'home llatí *Brünus* / **Llin:** Catalunya, València i Balears.

Burgués – *Etim:* derivat de *burga,* mot cèltic *burvǐca =* font medicinal./ **Llin:** a Agullana, Barna., Girona, Ordis, Palafrugell, Palma, etc.

Buset – *Etim:* diminutiu del castella *buzo,* que ve del portuguès *buzio* / **Llin:** Barna., La Llacuna, Sarrià, etc.

Cabasés – *Etim:* possible origen aràbic d'*Abincabacer.*

Cabó – *Etim:* del poble *Cabó* o *Kapudeizo,* prop d'Organyà; que també ha donat *Caboet* i *Caborreu.*

Calderó – *Etim:* derivat diminutiu de *caldera.*

Calvet – *Etim:* derivat diminutiu llatí de *calvus = calb, cap-pelat.*/ .S'escriu també *Calbet.* / **Llin:** Agramunt, Aiguamúrcia, Alacant, Alberic, Albinyana, Albons, Argentona, Barberà, Barna., Benicarló, Berga, Bonastre, Cabra, Calaf, Creixell, Eivissa., Espluga de Francolí., Masllorenç, Mataró, Montblanc, Mont-roig, Perafort, Pont d'Armentera, Puigpelat, Puigtinyós, Terrassa, Vallmoll, Valls, Vic, etc /

Campmany – *Etim:* del llatí *campu magnu = camp gran* / Hi ha la variant gràfica *Capmany* / **Llin:** Aiguaviva, Badalona, Barna., Cadaqués, Caldes de Montbui, Molins de Rei, Rupià, St. Feliu de Llobregat, St. Joan d'Horta, etc.. / ***Topon.*** poble de Alt Empordà.

Campos – *Etim:* del llatí *campos = camps* (cas de conservació de la terminació llatina *os* entre els mossàrabs) / **Llin.** Agullent, Alacant, Algemesí, Ametlla, Batea, Castelló, Cocentaina, Elx, Falset, Llucena, Novelda, València, Vistabella, etc../ ***Topon:*** vila de l'illa de Mallorca prop de Palma.

Canelles – *Etim:* del llatí *cannĕllas,* 'canyetes' / **Llin:.** a Alacant, Albinyana, Alpens, Barna, Berga, Caldes de Montbui, Castell de l'Areny, Cornudella, Granollers, Manlleu, Montanui, Olost, Riumors, Saus, València, Vimbodí, etc. / ***Topon:*** poble de: Fígols, Navata i Mont-ras.

Cano – *Etim:* derivat del llatí *canna = canya.*

Canut. – *Etim:* de *canut,* 'que té els cabells blancs', aplicat com a sobrenom / **Llin:** Albalat, Altron, Barna, Carcaixent, Esparreguera, Esplugues, Falset, Montblanc, Sueca, València, etc.

Capdevila – *Etim:* grafia aglutinada de *cap de vila,* que en llenguatge medieval significa la part més alta d'una vila / **Llin:** Àger, Alàs, Albesa, Albuixec, Alpens, Arbeca, Avià, Barna., Berga, Calaf, Espluga de Francolí., Gombreny, Isòvol, Monòver, Montblanc, Palamós, Pobla de Lillet, Vall-llòbrega, Valls, etc.

Capell – *Etim:* del llatí vulgar *cappěllu.* = *capell* ./ *Llin.* Alguaire, Artesa, Barna., Celrà, Figuerola, Martorell, Reus, etc.

Cardona – *Etim:* nom propi de dona.preromà per la terminació *–ona* / *Llin:* molt estès per Catalunya, València i Balears./ *Topon.* vila prop de Manresa.

Carner – *Etim:* derivat de *carnisser* / *Llin:* a Agramunt, Alcoletge, Anglesola, Arbeca, Badalona, Barna., Caldes de Monbui, Castellolí, Girona, Manresa, Mataró, Tarragona, etc.

Casals – *Etim:* del plural de *casal* / *Llin:* Alcarràs, Alcoletge, Artesa, Avià, Avinyó, Bagà, Barna., Berga, Borges del Camp, Borredà, Celrà, Espluga de Francolí, Gombreny, Masroig, Olesa, Pardines, Pinell, Roda, Salzedella, Tarragona, Vilablareix, erc.

Casanell – *Etim:* del passador de fusta tornejada.

Casas – *Etim:* del llatí *casa* = edifici habitable / *Llin:* molt estès arreu de Catalunya, València i Balears. ˙

Cascales – *castellà?*

Cases – *Etim:* del llatí *casa* = edifici habitable / *Llin:* molt estès arreu de Catalunya, València i Balears.

Castaner (Castanyer) – *Etim* derivat de *castanya.*/ *Llin:* molt estès a Catalunya, València i Mallorca./ *Topon:* poblet agregat a Begudà (Garrotxa).

Castany – *Etim:* format damunt *castanya* / *Llin.* Alcarràs, Alzira, Balaguer, Barna., Girona, L'Escala, Pau, Ripoll, etc.

Castelló – *Etim:* del llatí *castellōne*, 'castellet'. / *Llin:* Albal, Alcoi, Almatret, Anglesola, Bagà, Barcelona, Beneixama, Biar, Borriol, Celrà, Cocentaina, Dénia, Elx, Falset, Gualta, Ibi, La Bisbal, Marçà, Monòver, Mont-ras, Novelda, Peralada, Tibi, Valls, Vilademuls, Villena, etc. / *Topon:* poble de: la Plana, Empúries, Farfanya i Ribera

Castèra – *Etim:* nom de paratge i castell aranès d'*Era Castèra* / *Llin:* a Alzira, Barna., Hospitalet, etc.

Castillo – *Etim:* cognon castellà.

Caubet – *Etim:* variant de *calvet* = diminutiu de *calb* / *Llin;* Perpinyà, Barc., Pla d'Urgell, Tortosa, Mallorca, Eivissa./ *Topon:* terme de Bunyola (Mall.).

Ceballos – *Etim:* del llatí *cēpa* = ceba.

Cendra – *Etim:* del llatí *cǐněre* / *Llin:* Lleida, Tremp, Gandesa, Alacant, Maó, Andorra, Calasseit, Tortosa, Maestrat, Castelló, València, Ciutadella, (Mallorca.

Cepero – *Etim:* del diminutiu de *cep* o rabassa.

Claver – *Etim:* del llatí *clāvăriu* / *Llin:* Albalat, Alcover, Anglesola, Arbeca, Balaguer, Barberà, Barna., Brafim, Girona, Maó, Masllorenç, Morell, Puigcerdà, Relleu, Rocafort, Xàtiva, etc.

Climent – *Etim:* nom propi *Clement* / *Llin:* Alacant, Alcoi, Alcover, Barna., Benassal, Benicarló, Castelló, Ciutadella, Cocentaina, Elx, La Bisbal, Mont-ràs, Morella, Penàguila, València, Valls, Xerta, etc.

Closa – *Etim:* del llatí *clausa* = 'tancada'/ *Llin:* existent a Agramunt, Anya, Badalona, Barna., Castellfollit del Boix, Elx, Passanant, Perelló, Pinós, Solivella, etc. Hi ha la variant *Closes o Closas,* existent a Arenys de Munt, Artès, Barc., Hospitalet, Madremanya, Manresa, etc. / *Topon:. Sant Joan ses Closes:* llogaret agregat al municipi de Vilanova de la Muga.

Clua (clusa) – *Etim:* del llatí *clūsa,* 'closa' / *Llin:* Albesa, Alfara, Artesa, Barna., Batea, Benisanet, Corbera, Fatarella, Flix, Gandesa, Gelida, Horta, Manresa, Perelló, Pinell, Sta. Coloma de Fornés., La Seu d'Urgell, Tortosa, etc.

Codina – *Etim:* del llatí *cotīna,* = 'cosa de pedra', palet de riera / *Llin.* Agramunt, Alella, Aristot, Artès, Artesa, Badalona, Barna., Berga, Centelles, Maó, Manresa, Olost, Osor, Palma, Reus, València, Valls, etc. / *Topon:* partides rurals de Bagà, Rocafort, Vimbodí, etc. i vila de Sant Feliu de Codines al Vallès oriental.

Compte – *Etim:* del llatí *cŏmpūtu,* 'càlcul', 'numeració'.

Corbella – *Etim:* del llatí *cŭrvĕlla,* diminutiu de *cŭrva* = 'corba' i del llatí *corbĭcŭla,* dim. de *corbis* = 'canastra' o *cabàs* (del fr. *corbeille* = 'panera'). / *Llin:* Barna., Arboç, Cabra, Castellet, Conesa, Flix, Manresa, Salomó, Ulldemolins, Fraga, etc. / *Topon:* lloc del Talladell.

Corrià – *Etim:* format per regressió damunt *curriola.*

Costa – *Etim:* del llatí *cŏsta* / *Llin:* totes les regions de Catalunya, a Castelló, València, Alacant, Mallorca i Eivissa.

Cugat – *Etim:* del llatí *Cucufāte,* nom propi d'home d'un sant africà martiritzat prop de Barcelona. / *Llin:.* Barna., Cabra, Capsanes, Fatarella, Roquetes, Ulldemolins, Valls, Torrefarrera, etc / *Topon:* San Feliu Guixols, Vilafranca del Penedés, Collsuspina, Vallès, Castelladral,

Culleré – *Etim:* del llatí *cochlearia* = *cullera* / *Topon:* Cullera, Culla (ribera del Xúquer).

Curtó – *Etim:* derivat diminutiu de *curt* / *Llin:* Roses, Barna., Montcada, Amposta.

Charles – *Etim:* del cognom francès *Charles* / *Llin:* Alcarràs, Begudà, Campelles, Castellfollit, Figueres, Les Planes, Riudaura, Villalonga, Vilamacolum, etc..

Dejuan – *Etim:* compost de: *de Joan,* o sia, *(fill) de Joan* /. *Llin:* Lleida i País Valencià.

Delabart – *Etim:*

Delmàs – *Etim:* grafia aglutinada de: *del mas* / *Llin:* Barna., Mataró, Torroella de Montgrí., Vinaròs, Benicarló, etc.

Díez – *Etim:* nom de persona castellà.

Domènech – *Etim:* del llatí *Domĭnicus.*

Domingo – *Etim:* del castellà *Domingo,* sinònim =: *Domènec* / *Llin:.*Catalunya, València i les Balears.

Domínguez – *Etim:* nom castellà.

Duquedat – *Etim:* pres de l'italià *dogana* (¿)

Duran.-*Etim.* del nom personal germànic *Durand* / **Llin:** molt estès a Catalunya, València i Mallorca.

Escolà — *Etim:* del llatí vulgar *schŏla, scholānu* / **Llin:** Barna., Lleida., Tarragona, Agramunt, Anglesola, Aranyó, Balaguer, Margalef, Mollerusa, Sapeira, Benissa, etc.

Escuder – *Etim:* derivat d'*escut* / **Llin:** existent a la Bisbal, Peratallada, Balçareny, Barna., Vilanova-Geltrú, Cornudella, Tarragona, Reus, Valls, Gandesa, Albatàrrec, Anglesola, Artesa, Almassora, Castelló, Cinctorres, Salzedella, Tírig, Alcoi, etc.

Espanya – *Etim:* del llatí *Hispania,* nom de la Península Ibèrica.

Español – *Etim:* del llatí *hispaniŏlus,* varietat d'*hispaniōne* / **Llin:** Àger, Almenar, Aran, Morell, Manresa, Palau-Sabardera, Valls, València, etc. *Topon:* a la ribera d'Ebre, i terme rural de Palma de Mallorca.

Espluga – *Etim:* del llatí vulgar *spelūca,* cova / **Llin:** a Barna., Tona, Vilanova-Geltrú, Aiguamúrcia, Marçà, Brafim, Valls, Lleida, Albaida, Agullent, Alcoi, Alacant, Artà, etc.

Espuis – *Etim:* derivat d'*Espuig* / *Topon:* Poblet agregat al municipi de Torre de Capdella, al Pallars.

Esteve. – *Etim:* del llatí eclesiàstic *Stephanus,* protomàrtir del cristianisme / *Llin:* a Puigcerdà, Roses, Palafrugell, Pals, Ullà, Barna., Igualada, Valls, Aitona, Alcarràs, Almenar, Anglesola, Artesa, Albocàsser, Almassora, Benassal, Borriol, Castelló, Catí, Morella, València, Algemesí, Alcoi, Benilloba, Cocentaina, Dénia, Biar, Ibi, Onil, Petrer, Pinós, Monòver, Novelda, Elx, Alacant, Andratx, Artà, Calvià, Binissalem, Felanitx, Inca, etc. / *Topon:* Sant Esteve de: Sarga, Ordal, Riba,.de Bas, Sesrovires, Llémena, Palautordera, Vinyoles, etc.

Estivill – *Etim.* d'*Estevill,* dim. de *Esteve,* per assimilació vocàlica. / *Llin.* Alamús, Bovera, Granyena, Granollers, Barna., Monistrol, Rubí, Albiol, Cabassers, Cornudella, Mora la Nova, Reus, Vallmoll, Ulldemolins, etc.

Estrada – *Etim:* del llatí *strata* = 'llit, jaç' / **Llin:** Cassà de la Selva, Foixà, Abrera, Barberà, Berga, Barna., Argentona, Cabrils, Castellolí, Lluçà, Manresa, Àger, Almenar, Balaguer, Reus, Tortosa, Castelló, Dénia, Callosa, Pedreguer, Alacant., Mallorca, Maó. (a Mallorca abunda la variant *Estrades*). / *Topon:* Agullana (Empordà).

Fàbrega – *Etim:* d'*alfàbrega,* per dissociació de l'article aràbic *al*— / **Llin:** Girona., Rabós, Mollet, Montagut, St. Bartomeu del Grau, Arenys de Mar, Calella, Canet de Mar, Barna., Serradell, Abella de la Conca, Alinyà, Castelló, etc. Hi ha la variant *Fàbregues*

Falguera – *Etim:* del llatí *fĭlĭcaria,* derivat de *filix.*

Farga (-s, Fargues) – del llatí *fabrĭca*, 'obrador' / *Etim:* / *Llin:* a Barna, València, Alacant, Manresa, Artés, Arenys de Mar, Valls, Almenar, Benavent, Canet lo Roig, Salzadella, Banyeres, etc.

Farran (Ferran) – *Etim:* nom propi del germànic *Fredenand* (llatinitzat *Ferdinandus* o *Fernandus*) / *Llin:* Casavelles, Ventalló, Barna., Bellprat, Polinyà, Sobirats, Igualada, Àger, Alcanó, Aranyó, Castelldans, Tàrrega, Bisbal del Penedès, Cabra, Valls, Espluga de Francolí., Castelló, València., Alzira, etc. / *Topon:* lloc de Tamarit (Camp de Tarragona).

Farràs (Ferràs) – *Etim:* del llatí *ferracĕu* = 'de ferro' / *Llin:* Girona, Berga, Bagà, Súria, Manresa, Cardona, Castellterçol, Granollers, Tiana, Barna., Avià, Bot, Alinyà, Almacelles, Anserall, Serradui, Catí, Xert, Vinaròs, Morella, Cinctorres, Tírig, València., etc.

Farré – *Etim:* grafia incorrecta per *Ferrer,* del llatí *fĕrrarĭu.*

Farrús (Ferrús, Ferrís) – *Etim:* derivat de *ferro* amb el sufix –*ús* / *Llin:* Albagés, Albesa, Almenar, Juneda, Barna., Olesa, Esparreguera, Ascó, Batea, Benissanet, Corbera, Falset, Flix, Mora d'Ebre, València., Almusafes, Albalat, Vila-real, Carcaixent, Sollana, etc.

Feliu – *Etim:* del llatí *felīce* = 'feliç' / *Llin:* Girona, Llagostera, Riumors, Calella, Barna., Àger, Albi, Alguaire, Artesa, Balaguer, Castelló, Alcora, Alacant, Dénia, Benissa, Tibi, Mallorca., etc. / *Topon:* Vallès, Garrotxa, la Selva, Camprodón, Millars (Rosselló), Baix Llobregat, Montmajor, Torelló, Lluçanés, Anoia, Rosselló, el Bac, Palau Sator (Baix Empordà), Vallès oriental, Garrotxa, Sta. Maria d'Oló, Montmajor (Berguedà), Torelló, Lluçanès, Igualada, St. Esteve de Castellar.

Fermiñán – *Etim:* cognom castellà.

Ferragut – *Etim:* del llatí *fĕrru acūtu*, 'ferro agut' / *Llin:* a Madremanya, Barna, Vilanova-Geltrú, Flix, Albatàrrec, Algemesí, Dénia, Ondara, Mallorca, Menorca, Eivissa, etc.

Ferré (-r) – *Etim:* del llatí *fĕrru* =*ferro,* antigament *ferre* i *ferr* / *Llin.* Barcelona i al País Valencià.

Figueres – *Etim:* del llatí *ficarĭa* / *Llin:* Celrà, Palau-Sabardera, Albinyana, L'Arboç, Valls, Arbeca, Vinaròs, Alacant, etc.). / *Topon:* Figueres, Falset, vall de Montesa (Xàtiva), i diverses cales de Mallorca i Menorca. / ciutat de Figueres.(Alt Empordà).

Figuerol (-a)— *Etim:* derivat de *figueres* / *Llin:* Figueres, Girona, Barna., Almenar, etc.

Florensa – *Etim:?*

Fondal – *Etim:* del llatí *fŭndāle* = *abisme.*

Font – *Etim:* del llatí *fŏnte* / *Llin:* Celrà, Palafrugell, Vilasacra, Avià, Prats de Lluçanès, Canet de Mar, Barna., Igualada, Alàs, Almatret, Artesa de Segre, Valls, Alcalà de X., Benicarló, Castelló, Useres, Vilafamés,

Torreblanca, València, Alcoi, Altea, Benissa, Calp, Dénia, Ondara, Teulada, Alacant, Mallorca., Menorca., Eivissa).

Fontana – *Etim:* del llatí *fontāna* / *Llin:* Barna, Igualada, Vendrell, Reus, Vall d'Alauar, Algemesí, etc.

Fontanet – *Etim:* derivat de *fontana* amb el sufix *–et* (<llatí *–ētum*) indicador de col·lectivita o abundament / *Llin:*. Arbúcies, Girona, La Pera, Rialb, Àger, Albesa, Artesa de Segre, Bellvis, Barna., Calders, Balçareny, Igualada, Aldover, Bot, Tortosa, Vinaròs, Benicarló, Càlig, Traiguera, Alacant, Palma, Inca, Felanitx, Sóller, etc. / *Topon:* Llanera, Piera, Sabadell.

Fontova – *Etim:* grafia aglutinada de *font tova* / *Llin:* a Barna., Cervelló, Almenar, Algerri, Sarradell, Tarragona, Gandesa, etc.

Forn (Forns) – *Etim:* del llatí *fŭrnu*, = *forn* / *Llin:* L'Escala, Calaf, Igualada, Pobla de Claramunt, Biosca, etc. Hi ha la variant *Forns* a Calaf, Albesa, Castelló, etc.

Franci – *Etim:* nom propi d'home, derivat afectuós de *Francesc.* / *Llin.* Canet de Mar, Barna., Tiana, Polinyà, La Seu d'Urgell, València, etc.

Franco (Franc) – *Etim:* del llatí *francus,* pres del germànic *frank* = *'lliure'* / *Llin:* Celrà, Barberà, Artesa de Lleida., Ulldemolins, Castelló, Alcora, Llucena, Cabanes, Palma de Mallorca, etc.

Fregola – *Etim:?*

Freixa – *Etim:* del llatí *fraxĭnu* / *Llin:* Banyoles, Fígols, Malgrat, Olost, Orís, Algerri, Linyola, etc / *Topon:* Gisclareny (Berguedà), riu d'Espolla (Empordà), riera del Cardoner, partida de Valls (Camp de Tarragona.), lloc de Piera (Anoia).

Freixenet – *Etim:* del llatí *fraxĭnētu* = *'freixeda'* / *Llin:* Castelló d'Empúries, Figueres, Gombrèn, Roses, Argençola, Artés, Barna., Moià, Sabadell, etc. / *Topon.* poble de l'Alta Segarra, poblet de Camprodon, caseriu de Riner (Solsonès).

Freixes (Freixas) – *Etim:* del llatí *fraxĭnu* = *freix* / *Llin:* Sarrià, Barna., Calaf, Castellolí, Agramunt, Albatàrrec, Anglesola, Valls, Alforja, Botarell, Ulldemolins, etc.

Fuentes (Fonts) – *Etim:* varietat del castellà *fuentes* = *fonts* / *Llin:*. Barna., Igualada, Avinyó, Olesa de Montserrat, etc.

Furriol – *Etim:* ¿ / *Llin:* a Blanes, Vic, St. Feliu de Codines., etc.

Fusté, r – *Etim:* del llatí *fustariu.*

Gabandé – *Etim:* ¿ / *Llin.* Lleida, Arbeca, Balaguer, Donzell, etc.

Gagiges – *Etim:?*

Galí – *Etim:*del nom propi germànic *Galindus* / *Llin.* Arbúcies, La Bisbal, Calonge, Pals, Porqueres, Vilasacra, Vulpellac, Anserall, Canet de Mar, Esparreguera, Manresa, Masnou, Mollet, Barna., Tarragona, Horta, Almassora, Inca, etc.

García – *Etim:* nom castellà, procedent del basc *(k)artz,* 'ós'.

Garcés – *Etim:* de *Garceyz,* forma documentada el segle XIII derivada de *Garcia* / *Llin:* La Tallada, Arenys de Munt, Valls, Castelló, Benassal, Cabanes, Oropesa, Useres, Xodos, Albal, Xaló, Mallorca, Maó, etc.

Garriga – *Etim:* d'un mot preromà *garrīca* o *carrīca* = 'coscoll, alzina' / *Llin.* Celrà, Masavelles, Berga, Barna., Avinyonet, Tarragona, Valls, Agramunt, Alfarràs, Anglesola, Bell·lloc, Vinaròs, Castelló, Mallorca, Menorca, etc. / *Topon.* boscos i partides rurals del Rosselló, Alt Empordà, Camp de Tarragona, etc. i vila del Vallès, llogaret de Vilanova de la Muga (Alt Empordà) i de Vilademat, veïnat de Cercs (Berguedà) i comarca natural i històrica a la demarcació de Lleida.

Garsaball – *Llin.* Almacelles, Arbeca, Bell·lloc, Miralcamp, etc

Gasol – *Etim:* derivat de *gas.*

Gausí – *Etim:* varietat del cognom *Gaudí* / *Llin:* a Barna., Alginet, El Puig, etc.

Gelonch – *Etim:* ¿ / *Llin:* a Barna., Manresa, Cervià, Torregrossa, Arbeca, Borges Blanques, Almoster, Tarragona, Castellvell, Tortosa, etc.

Gené – *Etim:* del llatí *januariu,* o la variant llatina vulgar *genuariu* / *Llin:*. Begur, Palamós, Sta. Cristina d'Aro, Borredà, Barna., Igualada, Avinyonet, Vilanova-Geltrú., Valls, Borges del Camp, Pobla de Montornés, Montblanc, Arboç, Ulldemolins, Anglesola, Agramunt, Aranyó, Mallorca, Menorca, etc. Hi ha la variant *Giner.*

Gil – *Etim:* del nom propi llatí *Aegidius.* / *Llin:* existent a Pobla de Lillet, Badalona, Barna., Albagés, Artesa de Lleida, Arbeca, Valls, Vinaròs, Villar de Canes, Morella, Forcall, Castelló., Villores, Torreblanca, Vilafamés, Xàbia, Muro, Alcoi, Dénia, Novelda, Alacant, Benitagell, Gata, Elx, Mallorca, Menorca, Eivissa, etc / *Topon:* Isil.

Gilart – *Etim:* nom propi germànic *Gisalhart.*/ *Llin:* Alcarràs, Alguaire, Almacelles, Barna., Lleida, Felanitx, etc.

Gimeno (o Jimeno) – *Etim:* ¿

Ginesta – *Etim:* del llatí vulgar *genĕsta* / *Llin:* a Celrà, Balenyà, Sant Celoni, Marçà, Vinaròs, Isil, Agramunt, València, Alberic, Muro d'Alcoi, Mallorca.

Giral – *Etim:* del nom propi germ. *Girald,* variació de *Gairoald* / *Llin:* a Perpinyà, Banyoles, Roses, Terrades, St. Feliu de Pallerols, Cassà de la Selva, Barna., Masnou, Esplugues, Montcada, Badalona, Rubí, Alella, Reus, Fatarella, Salomó, St. Martí de Maldà, Saidí, Benassal, València, Antella, Albal, Benifaió, Montcada, Alacant, Ondara, etc.

Giró – *Etim:* potser derivat de l'arrel pre-romana *Ger-,* i estaria en relació amb *Girona* (< *Gerŭnda*) / *Llin:* Cornellà, Ordís, Porqueres, St. Feliu de Guixols, Alguaire, Almenar, Badalona, Barna., Olzinelles, Valls, Càlig, Alcalà de X., Alacant, etc. / *Topon:* poblet de Monesma (Alta Ribagorça).

Godàs – *Etim:* variant de *Goda* / *Llin:* a Alella, Masnou, Orrius, Premià, Vilassar, Barna., Cabrils, Lleida, etc.

Godia – *Etim:* del nom propi germànic *Gaudia* / *Llin:* Mataró, Barna., Lleida., Alcarràs, Alguaire, Llanera, Torrent de Cinca, Reus, etc.

Gosé-s – *Etim:* nom personal germànic: *Gauzer,* varietat de *Gauter* / *Llin:* Barcelona, Vic, Lleida, Reus, etc.

Goyena – *Etim* ¿

Graells – *Etim:* del llatí *gradĕllu,* dim. de *gradu,* 'graó' / *Llin:* Palamós, Alpens, Barna., Alàs, Albesa, Ciutadilla, St. Martí de Maldà, Esparreguera, Igualada, Piles, Tarragona, Valls, etc.

Grau – *Etim:* contracció de *Guerau.* / *Llin:* a Celrà, Igualada, Algerri, Albesa, Arabell, Ascó, Valls, Benissanet, Ulldecona, Todolella, Morella, València, Alberic, Cullera, Oliva, Xàtiva, Alcoi, Benidorm, Crevillent, Elx, Mallorca, etc.

Gual – *Etim:* potser del nom propi germànic *Wadald* / *Llin:* Flaçà, Olot, St. Feliu de Guixols., Llerona, Casserres, Igualada, Granollers, Mataró, Barna, Sta. Coloma Queralt., La Canonja, Montbrió de la Marca, Savellà del Comtat, Valls, Abella de la Conca, Almassora, Benafigos, Benlloc, Borriol, Cabanes, Castelló, Costur, Culla, Figueroles, Llucena, Oropesa, Useres, Vilafamés, Vistabella, Xodos, València, Xàtiva, Alacant, L'Orxa, Xàbia, etc. / *Topon:* Gualter (Baronia de Rialp, Solsonès).

Guamis — ¿

Guasch – *Etim:* del llatí *vasco* 'vascó' / *Llin:* a la Tallada, Mataró, Olivella, Martorell, Llerona, la Llacuna, Parets, Montmeló, Barna., Badalona, Capellades, Begues, Castellví de la Marca, Tarragona, Capafons, Figuerola, Montreal, Espluga de Francolí, Cabra, Alfara, Arboç, Montblanc, Bisbal del Penedès, Torredembarra, Valls, Agramunt, Alcoletge, Arbeca, Artesa, Maldà, Salzedella, Eivissa, etc.

Guivernau – *Etim:?*

Hellin — ¿

Hernàndez – *Etim:?*

Isern – *Etim:* del nom personal germànic *Isarn* / *Llin:* a St. Pau de Segúries, Bolvir, Begur, La Pera, Mont-ras, Palamós, Pals, Ventalló, Vilademuls, Vila-sacra, Canet de Mar, Masnou, Vilassar, Martorell, Mataró, Barna., Alàs, Arseguell, Claverol, Valls, Albiol, Salomó, Gandesa, València, Alacant, Mallorca, Eivissa, etc.

Josa – *Etim:* del basc *jausi* 'caure', semblant a 'vessant, vertent' / *Topon:* poble en la comarca del Cardener, al vessant de migjorn de la serra del Cadí.

Jové – *Etim.* del llatí *iŭvĕne.*

Jung – *Etim:* ¿

Lafont – *Etim:* grafia aglutinada de *la font* / *Llin:* a Ventalló, Benissanet, Amposta, València, Estivella, Albalat dels Tarongers, Pilçà, etc.

Lamolla – *Etim:* grafia aglutinada del llatí *la medŭlla* = *la molla* o *mŏlle* = *'fluixa, blana'*/ *Llin:* Lleida., Canet de Mar, Mataró, Xerta, Paüls, Tortosa, etc.

Laplana – *Etim:* grafia aglutinada del llatí *la plana* = *la plana* / *Llin:*. Barna., Anya, Torrefarrera, etc./ *Topon:* nom de comarques naturals i partides d'Alcover, Cabra, El Milà, Rojals, Selva del Camp, Tivissa, Valls, i poblets d'Alcover, Palausolitar (Vallès), Mont-ros (Pallars Sobirà), etc.

Larrola – *Etim:*

Larrosa – *Etim:* grafia aglutinada del llatí *la rŏsa* = *la rosa* / *Llin:* Barna., Benicarló, etc.

Lasala – *Etim:* del germànic *sal* i aglutinat de *la sala* / *Llin:* a Palamós, Osor, Terrassa, Barna., Cabrils, Igualada, Artesa de Segre, Agramunt, València, Vila Joiosa, Mallorca, Eivissa, etc.

Latorre – *Etim::* grafia aglutinada de *la torre*./ *Llin:* català i valencià.

Lavaquial – *Etim:* ¿

Llaquet – *Etim:* diminutiu del llatí *lacu* = *llac.*

Llavaneres – *Etim:* nom comú llatí *lavandaria* = *llavanera*, que renta roba / *Topon:* poble de Sant Andreu de Llavaneres. del Maresme.

Llorens – *Etim:*

Llovera – *Etim:* del llatí *lŭparĭa* / *Llin:* a Girona, Cruïlles, Osor, Palamós, Peralada, Avinyonet, Barna., Badalona, Cabrils, St. Feliu de Codines, Sabadell, Cervera, Almenar, Anglesola, Valls, Blancafort, Espluga de Francolí, Pla de Cabra, Forés, València, Mallorca, etc

Lluch – *Etim:* del llatí *lūciu* / *Llin:* Campmany, Palafrugell, Montornès, Barna., Almatret, Artesa de Segre, Estac, Vinaròs, Benicarló, València., Beneixama, Dénia, Cocentaina, Alacant., Mallorca., Menorca., etc. / *Topon:* Monestir mallorquí.

López – *Etim:*

Lozano – *Etim:* mot castellà del llatí *Lautinus*, derivat de *Lautus* = sumptuós.

Macià – *Etim:* del llatí bíblic *Matthia* / *Llin:* a Castelladral, Súria, Espunyola, Arenys de Mar, Vilanova-Geltrú, Anglesola, Artesa, Borges Blanques, Morvedre, Algemesí, Ontinyent, Alacant, Elx, Mallorca, etc.

Malet – *Etim:* diminutiu el llatí *malum* / *Llin:* Girona, La Bisbal, Calaf, Castellolí, Prats del Rei, Martorell, Igualada, Albi, Àger, Cervera, Tarragona, Gratallops, Montblanc, etc. / *Topon:* barranc de Valldigna.

Mañé (Manyé) – *Etim:* del nom personal germànic *Maganhar*; i formes acostades *Meiner* i *Mayner*./ *Llin:*. Olesa de Montserrat, Barna., Molins de Rei, Castellví de la Marca, Vendrell, Aiguamúrcia, Benissanet, Calafell, Canonja, Albinyana, Arboç, Constantí, Valls, etc. Es freqüent la grafia *Manyé* o *Mañé*.

Marsal – *Etim:* del llatí *Martiālis*, cognom derivat de *Martius* / *Llin:* L'Escala, Riudoms, Algerri, Arbeca, Alcoi, etc.

Martín – *Etim:* del cognom llatí *Martinus* / *Llin:* a Osor, Gombreny, Barna., Valls, Arbeca, Arcabell, València, Alcoi, Mallorca, Menorca, etc.

Mas – *Etim:* del llatí *mansu* / *Llin:* a Foixà, Berga, Barna, Alella, Tarragona, Valls, Agramunt, Alguaire, València, Algemesí, Crevillent, Elx, Mallorca, Eivissa.

Masalias – *Etim:?*

Mauri – *Etim:* nom propi d'home del llatí *Maurus*, potser amb la seva variant *Maurius*. / *Llin:* Banyoles, Roses, Palamós, St. Feliu de Guixols., Lloret de Mar, Caldes de Montbui., Manresa, Martorell, Collsuspina, Mataró, Alella, Barna., Cabrils, Artés, Tivenys, Falset, Benavarre, Camporrells, Almenar, Àger, Amposta, Tortosa, València, Burjassot, Oliva, Pego, Benissa, Xaló, etc.

Mayer.— Segurament és **Manyer**.

Melcior – *Étim:* del llatí eclesiàstic *Melchior*, / *Llin:* Barna., Camprodon, Lleida, Almenar, etc.

Menchaca – *Etim:* nom propi de *noblesa biscaïna* / *Llin.* Merindad de Uribe amb casa a Gotica, Mondragón i Respaldiza.

Merino – *Etim:* pres del cast. *merino* (< llatí *majorīnu*) / *Llin:* a Granollers, Aitona, València, Xàtiva, Gandia, Biar, etc.

Merigo.--.*Etim:* ¿ / *Llin:* a Girona, Barna., Lleida, Tarragona, etc.

Mesalles – *Etim::*del llatí *mensa* = 'taula', *Llin:* a Fraga, Alcarràs, Arbeca, Artesa de Segre, etc.

Mesanza – *Etim:* ¿

Mestre – *Etim:* del llatí *magĭstru*, / *Llin:.* Celrà, Barna., Artesa de Lleida, Agramunt, Banyeres, Benassal, València, Altea, Gata, Alcoi, Mallorca, Eivissa., etc. Hi ha la variant *Mestres,* existent a Palamós, Anglesola, Agramunt, Terrassa, Valls, Menorca., etc.

Mesull – *Etim:* ¿

Miarnau – *Etim:* nom d'home contracció de *Mir Arnau.* / *Llin:.* Barna., Lleida, Albagès, Almatret, Bellvís, Falset, etc.

Míàs – *Etim:* :potser contracció de *Millàs* / *Llin:* Camprodon, La Jonquera, Armentera, Bellcaire, Cruïlles, Rupià, Torroella de Montgrí, Ripoll, Ventalló, Vic, Barna. i Perpinyà.

Millà (-rs) – *Etim:* del llatí *mīliāres* = 'camps de mill'; variant *Millars.* / *Llin:.* Albesa, Igualada, Arenys de Mar, Barna., València, etc. / *Topon:* poblet de Madremanya (Girona); vila del Rosselló, Riu / en castellà *Mijares.*

Mir – *Etim:* del nom personal germànic *Mirus* / *Llin:* Fontcoberta, Gombreny, Vidrà, Palamós, Àger, Agramunt, Alcoletge, Artesa de Segre, Manlleu, Folgueroles, Orís, Torelló, Barna., Tarragona, Reus, Gandesa, Mora d'Ebre, Benassal, Sorita, Valènci, Nàquera, Llíria, Dénia, Pego, Mallorca, Menorca, etc.

Miret – *Etim:* derivat del diminutiu de *Mir* / *Llin:* a Igualada, Begues, Barna., Castellví de la Marca, Gavà, Olèrdola, Tarragona, Torroja, Alcarràs, Anglesola, Arbeca, Morvedre, Faura, Gandia, Beniopa, Mallorca, Menorca, etc.

Moix – *Etim:* probablement del llatí *mŭstĕu,* 'mústec' / *Llin:* a Alguaire, Almacelles, Barna., Tarragona, Bràfim, Montbrió, Cervera del Maestrat, Mallorca, etc.

Molins – *Etim:* del llatí *molīnu* / *Llin:* a Barna, Algerri, Almatret, Terrassa, Arenys de Mar, etc. / *Topon: Molins de:* Rei, Burguer, Busquets, Segur.

Moncasi – *Etim: Llin:* Alguaire, Alfarràs, Bellvís, Guissona, etc.

Monfà – *Etim.* del llatí *mons phari,* 'muntanya del far' / *Llin:* a Barcelona.

Monné – *Etim:* del llatí *mōnte* = *mont.*

Montes – *Etim:* del llatí *montēnse.*

Montagut – *Etim:* del llatí *monte acuto,* 'muntanya aguda' / *Llin:* a Ribes, Barna., Igualada, Albagés, Valls, Benifallet, València, Alberic, Alacant, Cocentaina, etc.

Montardit – *Etim:* del llatí *monte Llin:* a Àger, Amposta, Xerta, Cervera del Maestrat, etc. / *Topon:* dos poblets (de *Dalt* i de *Baix*) agregats del municipi d'Enviny.

Montull – *Etim:* potser del llatí *montŭcŭlu* = 'muntanyeta'. / *Llin:.* Agramunt, Albesa, Balaguer, Lleida, Torres de Segre, Alcalà de X., Albocàsser, Catí, Tírig, etc.

Mora – *Etim:* del llatí vulgar *mōra,* variant del clàssic *mōrus* / *Llin:* a Palamós, Barna, Igualada, Agramunt, Anglesola, Anya, Cornudella, Castelló, València, Alacant, Biar, Vall dels Alcalans, Mallorca, Menorca, etc.

Moragues – *Etim:* del plural de *moraga* / *Llin:.* a Girona, Osor, Vic, Olesa de Montserrat, Calella, Barna., Alella, Igualada, Albi, Borges del Camp, Ulldemolins, Valls, Vimbodí, València, Estubeny, Beniopa, Càrcer, Benissa, Xàbia, Vall de Gallinera, Cella, Senija, Mallorca, etc.

Morales – *Etim:?*

Morante – *Etim:* del nom personal germànic *Morand* / *Llin:* a València, Gandia, Oliva, Alacant, Dénia, Elx, etc. Hi ha la grafia *Moran* (Barna., Algemesí, Muro, Monòver, etc.), i *Moranta,* cognom mallorquí.

Morell – *Etim::* del llatí *Maurĕllu,* diminutiu de *Maurus* o *mōrus,* 'móra' = 'moro' / *Llin:* a Camprodon, Rupià, Palafrugell, St.Feliu de Guíxols, Agramunt, Anglesola, Artesa, Palafolls, Piera, Pobla de Claramunt, València, Oliva, Alacant., Dénia, Parcent, Mallorca, etc. / *Topon:* poble del Camp de Tarragona, terme d'Artà (Mallorca).

Moret – *Etim:* derivat diminutiu de *moro* / *Llin:* a Celrà, Fontcuberta, Rupià, Mataró, Barna, etc.

Morón – *Etim:*

Mulet – *Etim:* pres del francès. *mollet* / *Llin*: Girona, Barna., Valls, Albesa, Albi, Vila-real, Catarroja, Beniarbeig, Gata, Pedreguer, Mallorca, etc.

Murgó – *Etim:* del llatí *mergōne*, derivat de *mergus* / *Llin:* a Pla de Cabra, Alacant., Dénia, etc.

Murguí – *Etim:* ¿ / *Llin:* a Lleida., Benissanó, Llíria, Benaguasil, etc.

Navarro (-a)— *Etim:* nom basc natiu de Navarra / *Llin:* molt estès sobretot a Catalunya occidental i al País Valencià.

Nebot – *Etim:* del llatí *nepōte* = *nebot* / *Llin:* Celrà, Vilanant, Cornudella, Morera, Castelló, Benicassim, València., Mallorca., etc.

Noguer – *Etim:* del llatí *nucariu*, derivat de *nūce* = 'nou', nom del fruit / *Llin:* Girona, Cornellà, Vilademuls, Osor, Gurb, Albagès, Barna., etc. / Existeix també la variant *Noguers* o *Nogués*.

Novell – *Etim:* del llatí *nŏvĕllu*, diminutiu de *nŏvu*, 'nou' / *Llin:* a Gualta, Ripoll, Barna., Igualada, Alella, Albatàrrec, Artesa de Segre, Foradada, Torreblanca, etc.

Oria – *Etim:* nom personal *Auriācu*, derivat del llatí *Aurius*, però sense el sufix gàl·lic –ācu. / *Llin:* a Barna., Cardedeu, Albesa, Manresa, Mataró, Parets, Almacelles, Almenar, etc.

Oriach – *Etim:* potser d'un nom personal *Auriācu*, derivat del llatí *Aurius* amb el sufix gàl·lic –ācu./ *Llin:*. Barna., Cardedeu, Albesa, Manresa, Mataró, Parets, Almacelles, Almenar, etc.

Oró – *Etim:* del llatí *erōne*, o de *acĕrōne* = l'arbre *auró*./ *Llin:* Les Lloses, Viladonja, St. Pere de Torelló, Barna., Puig-reig, Alcanó, Alguaire, Artesa de Lleida, Llardecans, etc.

Orpí – *Etim:* potser d'un nom personal llatí *Olpinus* / *Llin:*. Argençola, Barna., Cabrera d'Igualada, Papiol, Pierola, Setla, Artà, Capdepera, Ciutadella, etc. / *Topon:* poble a la Baixa Segarra.

Ortells (variant d'Hortells) – *Etim:* del llatí *hŏrtu* = *hort* / *Llin.* Llucena, Bell·lloc, Castelló, València, Sueca, Alcoi, Alacant, etc. / *Topon:*. poble dels Ports de Morella.

Orteu – *Etim:* del llatí *hŏrta*, 'els horts' / *Llin:* a Barna., Altron, Arbeca, Llessui, Gerri de la Sal, Tírvia, etc.

Ortiz – *Etim:* cognom castellà / *Llin:* València, Alzira, Morvedre, etc.

Palà – *Etim*: del llatí *pala* / *Llin.* Barna., Calaf, Castellolí, Manresa, etc., / *Topon:*. llogaret de Castelladral.

Palacín – *Etim:* diminutiu el francès *palace*, o del castellà *palacio*.

Pallarés – *Etim:* nadiu o propi del *Pallars* / *Llin:* Barna., Casavelles, Agramunt, Almatret, Valls, Benissanet, Tortosa, Ballestar, Figuerola, Vilafamés, València, Vilajoiosa, etc.

Pallars – *Etim:* ve del llatí *palĕāres* derivat de *palĕa* = 'cabanyes', 'pallers', 'cases cobertes de palla' / *Topon,* comarca natural i antic comtat català.

Palau – *Etim:* del llatí *palatīu* / *Llin:* a Vic, Barna., Albi, Alcoletge, Anglesola, Balaguer, Igualada, Valls, Pla de Cabra, Sta. Coloms de Queralt, Castelló, Vilafamés, Morvedre, València, Mallorca, Eivissa, etc.

Pàmies – *Etim:* del llenguadocià *Pamios* / *Llin:* a Barna., Badalona, Martorell, Sabadell, Vilanova-Geltrú, Borges del Camp, Canonja, Castellvell, Alcover, Reus, Valls, Rojals, Crevillent, Palma de Mallorca, etc

Pàmpols – *Etim:* del llatí *pompīlus* o *pampĭnu* = *pampa*, fulla de cep o figuera.

Paniello – *Etim:*

Pané (Paner) – *Etim.* del llatí *panarĭu* = '*cistell per a tenir el pa*'. / *Llin::*Anya, Anglesola, Valls, Alcoi, etc.

Pardell – *Etim:* del llatí **pardĕllu**, diminutiu de *pardu,* 'de color pardós' / *Llin:* a Vic, Alcoletge, Almatret, Llardecans, Cabassers, Flix, La Bisbal del Priorat, etc

Paris – *Etim:* variant de *Parici* / *Llin:* a Barna., Agramunt, Aranyó, Artesa de Lleida, Valls, Coves de Vinromà, Peníscola, Dénia, etc.

Pedrol – *Etim:* derivat del diminutiu. de *pedra*./ *Llin:*. Barna., Marçà, Igualada, Tartareu, Agramunt, Boterell, Aleixar, Altafulla, Benissanet, Masroig, Montblanc, Valls, Gandesa, etc.

Pedrós (Padrós) – *Etim;* del llatí *petrōsu* = *petri* / *Llin:* St. Feliu de Guñixols, Vergés, Armentera, Oristà, Igualada, Gallifa, Manresa, Vic, Caldes de Montbui., Barna., Avinyó, Tarragona, Valls, Benifallet, Almacelles, Agramunt, Anglesola, Balaguer, Bellvís, Cervera, L'Ametlla, Torreblanca, València, Burjassot, Meliana, Dénia, Xàbia, etc. / *Topon:* Urgell, Valls, muntanya de l'Alt Pallars; illa entre l'Escala i les illes Medes.

Peiró – *Etim:* del llatí *Petrōne*, derivat de *Petrus,* 'Pere' / *Llin:* Figueres, Olot, Avinyonet, Casavelles, Esponellà, Meià, Vall-llobrega, Berga, Artés, Moià, Castellterçol, Collsuspina, Folgueroles, Barna., Vilanova-Geltrú, Alfés, Montgai, Castelló, València, Alacant, Beniopa, Ibi, etc.

Pelegrí – *Etim:* del llatí *peregrīnu* / *Llin:* a Palamós, Serinyà, Esparreguera, Perafort, Espluga de Francolí, Alcarràs, Arbeca, Lleida, Dénia, Xeraco, Verger, Mallorca, Menorca, etc.

Pera – *Etim:* del llatí *pĕtra*, amb el canvi normal –tr-> r-, o bé del llatí *pĭra* > *pĭrum* / *Llin:* Andorra, Esterri, Calasseit, Tortosa, Castelló, València, Alacant; Sort, Tremp, Balaguer, Urgell, Gandesa, Sueca, Alcoi, Mallorca, Ciutadella, Eivissa. *Topon:* Peralada, Riudeperes, Matadepera, Peramea, Peramola, etc.

Peralta – *Etim:* del llatí *pĕtra alta*, 'pedra alta' / *Llin:* Barna., Castelló, Cullera, Benilloba, etc. / *Topon:* Peralta de la Sal, Sant Climent de Peralta, Santa Susanna de Peralta.

Perelló – *Etim:* derivat de *pera* amb els dos sufixos diminutius –*ell* i –*ó* / *Llin:* a Barna., Gavà, Igualada, Almosters, Falset, Margalef, Tivissa, Valls,

Agramunt, Anglesola, Arbeca, Artesa de Segrià, Castelló, València, Albaida, Gandia, Carlet, Dénia, Gata, Orba, Elx, Mallorca, Menorca, etc.

Pérez – *Etim:* cognom castellà.

Perucho – *Etim:* del nom personal italià *Peruccio,* diminutiu de *Piero* ='Pere' / *Llin:*. Barna i València.

Peruga – *Etim:* derivat de *por* o *paor* amb el sufix *–uc.*

Pi – *Etim:*

Pinós – *Etim:* que té *pins,* pineda / *Llin:* a Palamós, Vilademat, Aiguafreda, Dosrius, Llinars, Mataró, Agramunt, Artesa de Segre, Amposta, etc. *Topoc:* vila de la Segarra.

Pinyana – *Etim:* del llatí *pĭnĕa.* / *Llin:* Amer, Gavà, Castelldefels, El Perelló, La Cala de l'Ametlla, Tortosa, Almassora, Burjassot, etc. / *Topon.* llogaret de Viu de Llevata (Conca de Tremp), i de Querol (Conca de Barberà).

Pinyol – *Etim:* del llatí vulgar *pinĕŏlu* ='pinyó'. / *Llin:* Terrassa, Valls, Tivissa, Castellví de la Marca, Alcoletge, Aristot, Torreblanca, Puçol, Elx, etc.

Plana (variant Planas, Planes) – *Etim:* del llatí *plana* / *Llin:* Palamós, Barna., Igualada, Valls, Albesa, Alguaire, Todolella, València, Alacant, etc. Hi ha la variant a Celrà, Vic, Alàs, Artesa de Segre, Cabrils, Peníscola, Alcoi, Mallorca, etc. / *Topon:* nom d'algunes comarques naturals (*Vic, Castelló,* etc.) i de nombroses partides rurals, d'Alcover, Cabra, El Milà, Rojals, Selva del Camp, Tivissa, Valls, etc. i poblets agregats d'Alcover (Camp de Tarragona), Palausolitar (Vallès), Mont-rós (Pallars Sobirà), etc., llogaret d'Olérdola (Penedès), poble de la Garrotxa, vessant occidental del Tibidabo (Barna.), poble a Vall de Planes (País Valencià).

Pleyan – *Etim:?*

Pocallet – *Etim:* grafia aglutinada de *poca* i *llet* / *Llin:* Anglesola, Castellnou de Seana, etc.

Poch – *Etim:* del llatí *paucu* / *Llin:* Celrà, Palafrugell, Igualada, Puigdàlber, Vilanova-Geltrú, Barna, Agramunt, Arbeca, Balaguer, Torredembarra, Castelló de la Plana, etc.

Pol – *Etim:* nom propi d'home del llatí *Paulus,* equivalent a *Pau* / *Llin:* Banyoles, Begur, Sort, Barna., Castelló, Alacant, Mallorca, etc. / *Topon:* poblet de Bisbal d'Empordà i un altre de Constantí. vila situada en el Maresme.

Pons (Ponts)— *Etim;* nom propi d'home del llatí *Pŏntĭus.* / *Llin:* Celrà, Berga, Barna., Igualada, Valls, Secuita, Agramunt, Arbeca, Vinaròs, Benassal, Castelló, València, Pego, Mallorca, Menorca, etc. / *Topon:* raval de Palafrugell, agregat de Sant Salvador de Bianya, i de Sallent (Pla de Bages) i un de Sant Gregori (Gironès), etc.

Porta – *Etim:* del llatí *pŏrta* / *Llin:* Badalona, Barna., Igualada, Vilanova-Geltrú, l'Arboç, Valls, Agramunt, Balaguer, Rosell, etc. Hi ha la variant *Portes* o *Portas* (Cornellà, Dénia, Alacant, Vall de Gallinera, Mallorca, Eiv.issa, etc.)

Prat – *Etim:* del llatí *pratu* = *prat*, / *Llin.* Girona, Capolat, Barna., Igualada, Altron, etc. / *Topon:* vila de *El Prat de Llobregat*, poble de Gandesa, altre al Lluçanès, a la Baixa Segarra prop de Calaf, vila del Vallespir,i poblet de la Cerdanya prop de Sampsor.

Prats (variant de Prat) – *Llin.* Torroella de Montgrí, Estartit, Riumors, Valls, Reus, Cabassers, Àger, Aranyó, Benassal, Castelló., Catí, L'Alcora, València, Alacant, Monnòver, Muro d'Alcoi, Mallorca, Menorca, Eivissa, etc.

Prenafeta – *Etim:* metàtesi de *pena freta* (< llatí *pinna fracta*), 'penya trencada' / *Llin:* Tarragona, Cambrils, Albi, Alcarràs, St. Martí de Maldà, etc.

Prim – *Etim:* del llatí *primu*, 'primer', 'fi, subtil'/ *Llin:* a Madremanya, Centelles, Bigues, Sabadell, Barna., Vilanova-Geltrú, Bisbal de Penedès, Cambrils, Reus, L'Ametlla, Albatàrrec, València., Cocentaina, Mallorca, Menorca, etc.

Puig – *Etim::*del llatí *pŏdĭu* = 'pedestal, suport', però en llatí vulgar de la Gàl·lia té el sentit de *'monticle, elevació del terreny'* (del francès. *puy;* prov. *pog, puei;* italià. *poggio*) i a Aragó *Poyo, Pueyo. / Llin:* Celrà, Girona, La Bisbal, St. Feliu de Guíxols, Manresa, Palafolls, Begues, Barna., Granollers, Valls, Forés, Alàs, Artesa de Segre, Balaguer, Agramunt, Benassal, Castelló, Traïguera, Xert, València, Dénia, Pego, Alacant, Teulada, Xaló, Crevillent, Mallorca, etc. Hi ha la grafia errònia *Puch* (Fraga, Xàbia, Elx, etc.) i la forma castellanitzada *Puche* (Al.). També la forma dialectal *Pui* o *Puy* (Arbúcies, Monistrol de M., Alinyà, Tossa, Càlig, Penàguila, etc.). / *Topon.* gran nombre de muntanyes i poblacions situades damunt o al cim.

Pujol – *Etim:* del llatí vulgar *pŏdiŏlu*, diminutiu de *pŏdĭum* = 'muntanya / *Llin:* Osor, Celrà, Castellnou de Bages, Avià, Artés, Esparreguera, Balsareny, Igualada, Avinyonet, Vilanova-Geltrú., Barna., Valls, Blancafort, Calafell, Ulldemolins, Alamús, Albi, Balaguer, St. Martí de M., Xerta, Mallorca, Menora, etc. Hi ha la grafia bàrbara *Puchol,* molt estesa en el *País* Valencià, i la dialectal *Puyol* en la regió ribagorçana./ *Topon::* Lledó (Alt Empordà), Palol de Reverdit (Gironès), Peramea (Pallars), Alinyà (Alt Urgell), Monesma (Ribagorça), Montmajor (Berguedà) i Benimuslem (Ribera del Xúquer). *Es Pujol* és també el nom de finques rústiques de Llucmajor, Felanitx, Petra, etc., i *Es Pujols* és una possessió d'Artà (Mallorca). *Els Pujols* és el nom d'un barranc de Vinaròs. *Els Pujols* també és el nom d'un llogaret de Font-rubí (Penedès).

Puñet – *Etim:* derivat de *puny. / Llin:* Àger, Barna, Terrassa, Martorell, Hospitalet, Tarragona, Reus, Selva del Camp, Mont-roig, etc.

Queralt – *Etim*: compost de *quer alt* (= penya alta) / *Llin:* Arbúcies, Banyoles, Masies de Roda, Igualada, Aramunt, Arbeca, Valls, Alcanar, Albocàsser, Traïguera, etc. Existeix la variant *Queral* (Castelló, Almassora, etc.), i en el català oriental abunda la grafia *Caralt* o *Caral* (Gurb, Vic, Argençola, Barna., Blancafort, Reus, Pla de Cabra, Garidells, Llorac, etc.

Rada – *Etim:* pres modernament del francès. *rade* o del cast. *rada.*

Rauret – *Etim:* variant de *rouret* 'bosc de roures', o variant de *Raulet* nom personal / *Llin:* Llofriu, Lleida, etc.

Realp – *Etim:* variant de *Rialb* / *Llin:* a Alcoletge, Verdú, Igualada, la Canonja, etc.

Regany – *Etim:* del llatí *'regannium'*, mostrar les dents / *Llin:* Tremp, Soterranya, Figuerola d'Orcau, etc.

Revert – *Etim:* nom personal germànic. *Radobert* o *Hradbert.* / *Llin:* Besalú, Caldes de Malavella., Crespià, Olot, Palafrugell, Roses, Sils, Tortellà, Sant Andreu Salou, Ventalló, Balaguer, València, Ontinyent, Alcoi, Alacant, Benigànim etc. Hi ha la varietat ortogràfica *Rabert* (Banyoles, Bàscara, Mollet d'Empordà, Tarragona, etc.).

Rey (Rei) – *Etim:* del llatí *rēge* / *Llin:* Barna., Arenys de Munt, Valls, Móra la Nova, Albagès, Arbeca, Ibi, Mallorca, Eivissa, etc.

Ribé (Riva, Rivas, Rives) – *Etim:* del llatí *rīpa,* / *riba:* / *Llin:* Barna., Caldes de Montbui, Vilanova-Geltrú, Almatret, Tremp, St. Mateu del Maestrat, La Jana, etc. Abunda la variant *Ribes* (escrit *Ribas* pels catalans orientals i baleàrics) a Girona, Barna., Vilanova-Geltrú, Tortosa, Agramunt, Arbeca, Lleida, Xert, València, Mallorca, Eivissa., etc. Hi ha les grafies *Riva, Rivas* i *Rives,* filles de la confusió fonètica de la *b* i la *v* en molts dialectes catalans. / *Topon:* poble prop de Valls (Camp de Tarragona), llogaret de Vilafranca Penedès, vila de la comarca del Ripollès, terme Sant Feliu de Llobregat, poble vora Sitges (Penedès).

Ribes – *Etim:* del llatí *rīpa* /

Ribelles – *Etim:* del llatí *ripĕllas,* diminutiu de *rīpas* = 'riberes'. / *Llin:* Barna., Sabadell, Terrassa, Valls, Albagès, Castelló, València, Alberic, Alacant, Novelda, etc. Hi ha la varietat gràfica *Rivelles,* sobretot a València. / *Topon:* poblet de Vilanova de l'Aguda i de Bassegoda (Garrotxa).

Ricart – *Etim:* del nom personal germànic *Ricohard* / *Llin:* Barna., Badalona, Bagà, Vic, Agramunt, València, Bétera, etc

Rigart – *Etim:* del nom personal germànic *Riggard* / *Llin:* Begudà, Beuda, La Bisbal, Olot, Pardines, Mataró, Sta. Maria de Corcó, Barna., etc. / *Topon.* riuet que baixa de la collada de Toses.

Riu – *Etim:* del llatí *rīvu* = *riu* / *Llin:.* Berga, Agramunt, Alguaire, Arties, Reus, etc. Hi ha la variant *Rius,* més estesa, que es troba a Palamós, Vic, Artés, Barc., Canonja, Albesa, Balaguer, Monnòver, Mallorca, etc. / *Topon:* poble de la Cerdanya prop de Bellver, i llogaret d'Oix (Garrotxa).

Roca – *Etim:* d'un mot pre-romà *rŏcca,* = roca / *Llin:* Celrà, Mont-ras, Igualada, Valls, El Catllar, Àger, Almatret, Benassal, Catí, Mallorca, Menorca, etc.

variant plural *Roques* (escrita sovint *Rocas*) a Verges, Mont-ras, La Selva del Camp, etc / *Topon:* molts topònims.

Roch – varietat. ortogràfica antiga *rocha*.

Rodés – *Etim:* nadiu de Rodes (*Rhodius*) / *Llin:* Girona, Sta. Coloma de Farnès, Malla, Caldes de Monbui, Prat de Llobregat, St. Joan Despí, Valls, etc. / *Topon:* poble a la vora de *Vinçà* (Conflent).

Rodoreda – *Etim:* derivat de *rodor* (=roldor) amb el sufix –*eda* indicador de lloc abundant d'una planta / *Llin:* Barna., L'Ametlla, Avinyó, Canoves, Granollers, Llerona, Mollet, Mataró, Orpí, etc.

Rodríguez – *Etim:* cognom castellà.

Roger – *Etim:* del nom personal germànic *Hrodgair* / *Llin:* a Verges, Caldes de Monbui, Terrassa, Barna., Alfarràs, Alguaire, Benimantell, etc. / Altres grafies: *Rotger* a Balears / *Roigé* a Berga, Molins de Rei, Alforja, Ascó, Botarell, Cambrils, Cornudella, Lloà, Reus, Àger, Albatàrrec, Balaguer, etc. / *Rogé* a Esterri d'Àneu, Palol de Revardit, Falset / *Ruger* a Cornellà de Girona / *Rugé* a Mataró / *Rogert* a Freixenet de Camprodon / *Roixé* a Ars / *Rocher* a St. Mateu del Maestrat, València, Alberic, Alcúdia de Carlet, Orba, etc.

Romà – *Etim:* del llatí *Romānus* / *Llin:* a Campdevànol, Gombrèn, Borredà, Manlleu, Barcelona, Selva del Camp, Albesa, Artesa de Segre, etc. / *Topon. Sant Romà d'Abella, de la Clusa, de Tavèrnoles a* Llavorsí.

Romaguera – *Etim:* del llatí *rumĭcarĭa*, derivat de *rumex*, nom d'una planta espinosa. / *Llin:* Casavells, Palol de Reverdit, Osor, St. Jordi Desvalls, València, Alcàsser, Almussafes, Cullera, Gandia, Mallorca, etc. Hi ha la variant *Romegueres (Romagueras)* a Roda, Palafolls, Granollers, etc. / *Topon:* llogaret de Pals (Baix Empordà); partida de Nalec (Urgell), finca a Petra (Mallorca).

Romeu – *Etim:* del baix llatí *romaeus*, nom dels pelegrins a Terra Santa i nom propi d'home / *Llin:* l'Escala, Igualada, Malgrat, Barcelona, Vendrell, Albi, Agramunt, Valls, Ulldecona, Canet lo Roig, Castelló, Traïguera, València, Morvedre, Quartell, Cocentanina, etc.

Ros – *Etim:* del llatí *rŭssu* = ros / *Llin:* Celrà, Begues, Barcelona, Bellcaire, Agramunt, Anglesola, València, Foios, Xàbia, Mallorca, Menorca, Eivissa, etc.

Rosell (i Rossell) – *Etim:* derivat del diminutiu de *ros* / *Llin:* Cervià, Mollet de Peralada, Osor, Bagà, Pobla de Lillet, Font-rubí, Pineda, Manresa, Arenys de Mar, Pacs, Igualada, L'Arboç, Albinyana, Cabra, Calafell, Espluga de Francolí, Valls, Àger, Agramunt, Balaguer, Castelló, València, Sueca, Silla, Llombai, Mallorca, Menorca, etc.

Rosselló – *Etim:* derivat de *Ruscino*, nom pre-romà d'una població que existia a la dita comarca / *Llin:* Calonge, Palafrugell, Palamós, Llinars,

Montcada, Barna., Blancafort, Cabassers, Dues Aigües, Espluga de F.rancolí, Montblanc, Anglesola, Castelló, València, Xàtiva, Alcúdia de Crespins, Pego, Dénia, Pedreguer, Vall d'Ebo, Alacant, Mallorca, Menorca, Eivissa, etc / *Topon:* comarca i antic *comtat català*, avui pertanyent a França, i poble del Segrià.

Rovira – *Etim:* del llatí *robĕrĕa* (varietat de *robŏrĕa*) / *Llin:* a Llofriu, Castellnou de Bages, El Bruc, Sabadell, Arenys, Pierola, Tarragona, Valls, Pont d'Armentera, Agramunt, Bellcaire, Benassal, Almassora, Castelló, Llucena, València, Dénia, Orba, Pego, Palma de Mallorca, etc.

Rubies – *Etim:* del llatí *rupīcŭlas*, diminutiu de *rūpes*, 'roques' / *Llin:* Palafrugell, La Bisbal, Àger, Artesa de Segre, Agramunt, etc. / *Topon:* poble de Fontllonga.

Ruiz – *Etim:* de cognom castellà.

Rupérez – *Etim:* compost de *Ruiz* i *Pérez*.

Saavedra – *Etim:* nom de casa noble gallega medieval de Lugo.

Sabaté (Sabater) – *Etim:* derivat de *sabata*. Entre els mossàrabs valencians hi havia la forma *sabataįr* com a nom d'ofici i com a sobrenom o cognom. / *Llin:* La Bisbal, Osor, Igualada, Barna., Valls, Galera, Falset, Albesa, Àger, Balaguer, Vilanova-Geltrú, Benassal, St. Mateu del Maestrat, Mallorca, Menorca, etc. Hi ha la variant *Sabaters* (escrita *Sabatés*) a Barcelona, Canet lo Roig, etc.

Safonts – *Etim:* grafia aglutinada de *sa font* amb article salat / *Llin:* existent a Agullana, Verges, Avià, Berga, Casserres, Centelles, Espunyola, Malgrat, Mataró, Badalona, Barna., Oristà, Arbeca, Tarragona, Oropesa, Almassora, Castelló, etc. Hi ha la grafia dialectal *Safon* (Barna., Tortosa, Atzeneta, Castelló, l'Alcora, València, Elx, etc.) i la forma pluralitzada *Safonts* o *Safons* (Girona, Cubelles, la Granada, Olvan, Vilanova-Geltrú, Tivissa, Arbeca, etc.).

Sagarra (Segarra) – *Etim:* incerta; potser *pre-romana* o del *basc sagar* = 'pomera' / *Llin:* (escrit sovint *Sagarra*) a la Pera, Mataró, Badalona, Barna, Àger, Albesa, Arbeca, Alcoletge, Ossó de Cinca, Bràfim, Valls, Almassora, Benassal, Castellfort, la Salzedella, Oropesa, Xàtiva, Sedaví, Dénia, Alacant, Elx, etc. / *Topon:* comarca natural de la Catalunya. central, i dos llogarets del municipi de Tolva (Ribagorça).

Salat – *Etim:* nom de plantes salsolàcies / *Llin:* Alcoletge, Arbeca, Subirats, Barna., etc.

Salla – *Etim::* varietat ortogràfica antiga.: *sallat* = *salat* / *Llin:* Albagés, Arbeca, Manresa, Igualada, Barna., Tarragona, Espluga de Francolí, etc. Hi ha la variant *Sallas* (Barna., Calders, Castellterçol, etc.).

Samper (Sentpere i Sempere) – *Etim:* grafia aglutinada de *Sant Pere*. / *Llin:* Girona, Calders, Rubí, València, Carcaixent, Alacant, Castalla, Elx, etc. Hi ha la variant *Santper* (escrita generalment *Samper*) a Barna., Tornabous, Villalba, Alcalà de X., València, Alcoi, Novelda, Alacant, Elx, etc.

Samplón – *Etim:*?.

Sanaüja (sovint escrit *Sanahuja*) – *Etim:*: de *sa naüja* (<*basc naba oia* = 'pleta de la vall' / *Llin:*. Cornellà, St. Celoni, la Llacuna, Barna., Igualada, Anglesola, Tàrrega, Lleida, Montblanc, l'Arboç, Bisbal del Penedès, Constantí, Espluga de Francolí, Sarreal, Valls, Tortosa, Castelló, Benicarló, Godella, etc. Hi ha la variant *Sanahujes* (a Falset). / *Topon:* vila de la Segarra i llogaret de Canovelles (Vallès).

Sants – *Etim:* del nom personal *Sanctĭus*, derivat de *sanctus*, nom propi d'home: *Sanç* / *Llin:* (escrit sovint *Sans* i també *Sanz*) Gurb, Ventalló, Berga, Badalona, Barna., Valls, Agramunt, Albi, València., Mallorca, Menorca, etc. / *Topon.* llogaret de l'Ènova (València).

Santcerni – *Etim:* de *Sant Cerni*.

Santromà – *Etim:* de *Sant Romà* / *Llin:* a Catllar. Bonastre, Igualada, Llinars, Lliçà de Munt, Barna., Vilanova-Geltrú, Arnes, Bràfim, Sta. Coloma de Queralt, Tarragona, Valls, Albi, St. Carles de la Ràpita, etc.

Santvicens (escrit correcte *Sanvicenç*) – *Etim:* grafia aglutinada de *Sant Vicenç* / *Llin:* Figueres, Puigcerdà, Perafita, Barna., Alàs, Anserall, Arabell, etc.

Sarri – *Etim:* potser llatí medieval **sarracēnu** = *sarraí*, adaptació de l'àrab *xarqīīn* = 'orientals' / *Llin:*. Manresa, Barna., València, Anglesola, Aranyó, Florejacs, Monistrol de Montserrat, Moià, Martorell, Valls, etc.

Sarrió – *Etim:* del topònim aragonès *Sarrión* (sàrria) / *Llin:* a Barna., Alberic, Canals, Sueca, Alacant, Villena, etc.

Saus – *Etim:* del llatí *segūsĭu*, varietat de gos coniller / *Llin:* a Salt, St. Joan de Palamós, Caldes de Monbui, Barna., Tarragona, etc. / *Topon:* poblet del Gironès.

Sayol (o saiol) – *Etim:* Varietat de figuer i de figa sajola o coll de dama / *Llin:* Olot, Caldes de Montbui., Mataró, Masnou, Llerona, Montmeló, Montornés, Moià, Badalona, Barna., Alzira, Alacant, etc. Hi ha la variant *Sayols* (St. Martí de Llémena, Canet d'Adri, Sta. Cristina d'Aro, etc.)

Sebit – *Etim:* ¿

Seguí – *Etim:* del nom personal germànic *Sigwin* / *Llin:* Banyoles, Bassegoda, Camprodon, Barna, Esplugues, València, Beniopa, Muro d'Alcoi, Cocentaina, Vall d'Ebo, Vall de Gallinera, Mallorca, Menorca, Eivissa, etc.

Serentill – *Etim:* ¿/ *Llin:* a Agramunt, Anya, Balaguer, Baldomar, etc

Serra – *Etim:* del llatí *sĕrra* / *Llin:* molt estès al Principat, regne de València i les illes Balears. Hi ha la variant *Serres* (Berga, Gandesa, etc.). / *Topon:* poble del Baix Empordà, altre prop de Llíria (València). diversos pobles la Torre de Claramunt, Baronia de Rialb, Tivissa, Perafita, Taradell, Tavertet, Medinyà, Vila-rodona, etc. o llogarets de Cassà de la Selva,

St. Hilari Sacalm, Sta. Llogaia del Terri i St. Martí de Llémena, vila de l'Alt Maestrat, **poble de** Santa Eulàlia de Rençana (Vallès), poblet de Centelles (Plana de Vic), llogaret Sentmenat (Vallès) i partida rural de Campins (Montseny).

Serratosa – **Etim:** grafia aglutinada de *serra tosa* = 'serra pelada' / **Llin:** Begur, Girona, St. Feliu de Codines, Terrassa, Arenys de Munt, Barna., València, Lleida, etc. / **Topon:** ciutat de Lleida (tancat de Serratosa).

Serret – **Etim:** la mateixa de *Sarret,* derivat de *sarro* = nom de planta, amb el sufix –*et* / **Llin:** Bolvir, Palamós, Centelles, Granollers, Barna., Cambrils, Valls, Montblanc, Càlig, Forcall, etc. / **Topon:** partida rural de Tírvia (Pallars Sobirà).

Sevina – **Etim:** del llatí *sabīna* / **Llin:** a Barna., Sueca, etc.

Sierra – **Etim:** ¿ castellà *sierra* = *serra.*

Simeon – **Etim:** de nom i llinatge de *Simon.*

Sirera (Cirera) – **Etim:** del llatí *cerĕsĕa,* varietat de *cerasĕa* = *cirera;* El canvi de –*s*— en –*r*— s'explica per assimilació a la *r* precedent / **Llin:** la forma *Cirera* es troba a Algerri, Almacelles, Almenar, Artesa, Avià, Barna., Berga, Caldes de Montbui., Llorac, Manresa, Vic, Novelda, Pinós, St. Mateu, València, etc. i la forma *Cidera* es troba a Amer, La Sellera, Olot, Vic; és a dir, en la comarca on també *cirera* és pronunciat *cidera.*

Sol – **Etim:** del llatí *sōle* = astre solar. / **Llin:** Borredà, Badalona, Barna., Pla de Cabra, Amposta, Crevillent, Novelda, etc.

Solanelles – **Etim:** derivat del diminutiu de *solana* / **Llin:** a Sta. Coloma de Farnés, Pobla de Lillet, Berga, Borredà, Manresa, Solsona, Lladurs, Aitona, Alforja, Reus, Riudecols, etc / **Altres formes:** *Solanella* a Ripoll, St. Fructuós de Bages i Tàrrega, *Salanella* a Manresa i *Salanellas* a Barna., Igualada, Montmajor.

Solé (Soler) – **Etim:** del llatí *solarĭum,* derivat *de sŏlum* = 'sòl' / **Llin:**. molt estès per totes les regions del Principat, País Valencià i les Balears. Hi ha la variant *Solers* o *Solés,* freqüent a l'Empordà i al Gironès / **Topon:** vileta del cantó de Millars (Rosselló) i nombroses masies i partides rurals de tot Catalunya (en els termes de Camprodon, Calaf, Tiurana, Sorigueres, Vila-rodona, Vilavert, etc.).

Soldevila – **Etim:** grafia aglutinada de *sòl de vila* = *part baixa de la vila* / **Llin:** Figueres, Alpens, Artés, Balsareny, Bigues, Borredà, Centelles, Badalona, Barna., Igualada, Alàs, Alguaire, Arbeca, Lleida, Falset, Castelló., Cabanes, Torreblanca, Alginet, Ondara, Verger, etc.

Solsona – **Etim:** potser *pre-romana* pertanyent a les llengües ibèriques com tants d'altres topònims acabats en –*ona* / **Llin:** Castell d'Aro, Artés, Borredà, Igualada, Agramunt, Alamús, Sarroca de Lleida, Benifallet, Fatarella, Montblanc, La Sènia, Almassora, Benafigos, Benassal,

Castelló, Ribesalbes, Vilafamés, València, Alacant, etc. / *Topon:* ciutat episcopal molt antiga.

Sorell – *Etim:* del llatí *saurĕllus*, ensems derivat de *saurus*, 'llangardaix' / *Llin:* a Bellcaire, Vulpellac, Mataró, Porreres, Vilafranca de Bonany, etc.

Soriano – *Etim:* ¿ / *Topon:* Soriana, poblet d'Estopanyà, a la Llitera.

Soteres (Sotera) – *Etim:* derivat de *sota* = 'davall'. / *Llin:* Barna., Esparreguera, etc. Hi ha la variant *Soteres* o *Soteras*, a Celrà, Calella, Mataró, Barberà, Orpí, Igualada, Collbató, Montmeneu, Piera, Jorba, Savellà, Lleida, etc.

Suñé (Sunyér) – *Etim:* del nom personal germànic *Suniur*, derivat de *sunja* = 'veritat' / *Llin:* Agullana, Albons, la Bisbal, Celrà, Mollet d'Empordà, Monells, Osor, la Pera, Peratallada, Rupià, Torroella de Montgrí, Vilanant, Arenys de Mar, Bagà, Berga, Cabrils, Manresa, Sallent, Badalona, Barna., Arnes, Bot, Gandesa, Fatarella, Reus, Tarragona, Valls, Agramunt, Almatret, València, Algemesí, Alzira, Beniflà, Mallorca, Eivissa., etc. / *Topon:* poble del Pla de Lleida.

Tarragó – *Etim:* del topònim i cognom *Tarraco* / *Llin:* Rabós d'Empordà, Ventallol, Esparreguera, Igualada, Mataró, Barna., Perafort, St. Celoni, Albi, Anglesola, Arbeca, Cabassers, Falset, Montblanc, Amposta, Vinaròs, L'Alcora, València, Carcaixent, etc.

Tàrrega – *Etim:* d'origen pre-romà, ibèric, del mateix radical de *Tarraco* o *Tarracōne*, / *Llin:* existent a Benicassi, Alaquàs, València, Llosa de Ranes, Vilamarxant, Xaló, etc. Hi ha la variant gràfica *Tàrraga* (Godall, Horta, etc.) i la reduïda *Targa* (Massanes, Malgrat, Tarragona, Roda de Berà, Cabra, Bonastre, Les Païls, Gandesa, Vallbona de les Monges, Benicarló, etc. / *Topon:* ciutat del Pla d'Urgell.

Tarruella (Torroella) – *Etim:* del llatí *tŭrrĭcĕlla* = 'torreta'., simple torreta de vigilància o de defensa / *Llin:* Vall-llobrega, Bigues, Borredà, Balsareny, la Garriga, Mataró, Olesa de Montserrat, Monistrol, St. Jordi Desvalls, etc. S'escriu sovint *Torruella* (forma usada a Terrassa, Cabra, Galera, Montblanc, Albagès, Alguaire, etc.). Hi ha també les variants *Tarruella* (Alfarràs, Badalona, Campelles, Guixes, etc.) i *Torruellas* (Caldes de Montbui, Vilanova-Geltrú, etc. / *Topon:* masia de Ciutadella (Menorca) i de Montral (Camp de Tarragona), poble prop de Figueres (Alt Empordà), vila del Baix Empordà, poblet prop Súria (Bages), llogaret a Palau-Saverdera (Alt Empordà), municipi prop de Manresa i parròquia rural de Lluçà (Lluçanès).

Teixidó – *Etim:* derivat de *teixir* amb el sufix –*dor* (del llatí –*tōre*) / *Llin:* Caldes de Malavella., Celrà, Fontcuberta, Masarac, Medinyà, Vidrà, Argentona, Badalona, Barna., Berga, Calella, Igualada, Terrassa, Vilanova-Geltrú, Rubí, Calafell, Tarragona, Anglesola, Arbeca, Almassora, València, Benimarfull, etc..

Tenias – *Etim:* del llatí *taenĭa*.

Terrats – *Etim:* del llatí *tĕrrātum* = 'cobert de terra'., *terrat* / *Llin:* Igualada, Granollers, etc. Hi ha la forma dialectal *Tarrat* (Gurb, Espluga de la Serra, etc.) i la plural *Terrats, Tarrats* o *Tharrats* (Barna., Blanes, Artesa de Segre., Cervera, etc).

Tillo – *Etim:* ¿ / *Llin.* a Arbeca, Balaguer, Bellpuig, etc.

Tomàs – *Etim:* pres del llatí bíblic del nom de l'apòstol *Thomas* / *Llin:* a moltes poblacions del Principat, del País Valencià i de les Balears

Torné – *Etim:* del llatí *tōrnarĭu* / *Llin.* a Banyoles, Castelladral, Girona, Avià, Bagà, Begues, Badalona, Barna., Valls, Agramunt, Arbeca, Castelló, Vilafamés, etc.

Torrent – *Etim:* del llatí *torrĕnte* / *Llin:* a Celrà, Sarrià, Arenys de Munt, Canet de Mar, Almenar, Bellver, Tolba, Castelló, Alacant, Ciutadella, etc. Hi ha la variant *Torrents* (escrita sovint *Torrens*) a Barna., Badalona, Cabrils, Caldes de Monbui, Igualada, Valls, La Sènia, Agramunt, València, Benissa, Orba, Tormos, Mallorca, etc.

Torres (Torra) – *Etim:* del llatí *tŭrre* = *torre* / *Llin:* Abella de la Conca, Almenar, Igualada, etc. És més freqüent la variant *Torres,* que es troba a totes les comarques de llengua catalana.

Torruella – *Etim:* del llatí *tŭrrĭcĕlla*, 'torreta' / *Llin:* a Terrassa, Cabra, Galera, Montblanc, Albagès, Alguaire, etc. Altres variants: *Torroella* a Vall-llobrega, Bigues, Borredà, Balsareny, la Garriga, Mataró, Olesa de Montserrat, Monistrol, St. Jordi Desvalls, etc., *Tarruella* a Alfarràs, Badalona, Campelles, Guixes, etc. i *Torruellas* a Caldes de Monbui, Vilanova-Geltrú, etc.

Trepat – *Etim:* del part. pass. de *trepar* / *Llin:* Barna, Badalona, St. Joan d'Horta, Agramunt, etc.

Tufet – *Llin:* Lleida, Castelló de Farfanya, etc.

Valeri – *Etim:* nom personal llatí *Valĕrĭus*./ *Llin:* Barna., Oristà, etc.

Vallduy (Vallduis) – *Llin:* a Barcelona.

Vallespí – *Etim:* del llatí nom personal aglutinat *valle Asperii* / *Llin:* Barna., Rasquera, Mallorca, etc. Hi ha la variant ortogràfica dialectal *Vallespí,* existent a Barna., Aldover, Gandesa, Miravet, Pinell, etc / *Topon:* antic *comtat* i actual comarca a França, al nord de l'Empordà.

Valls – *Etim:* forma plural del mot *vall,* / *Llin:* Barna., Igualada, Olesa de Montserrat, Sabadell, St. Jordi Desvalls, Mont-roig, Reus, Valls, Anglesola, Artesa de Segre, Alcalà de X., Benassal, Castelló, les Useres, València, Albalat de la Ribera, Alberic, Alboraia, Moixent, Alcoi, Beneixama, Cocentaina, Mallorca, Menorca, etc./ *Topon:* ciutat del Camp de Tarragona.

Vallverdú – *Etim:* aglutinat de *vall* i del topònim i cognom *Verdú,* d'origen cèltic *Virodūnum* / *Llin:* Girona, Barna., Molins de Rei, Alcover, Cornudella, Espluga de Francolí, Maldà, Mont-roig, Mussara, Valls, Vimbodí, Albagés, etc.

Vicente – *Etim:* ¿

Vidal – *Etim:* del llatí *vītāle* = 'vital'. El nom personal *Vitalis* molt usual entre els jueus medievals / ***Llin:*** Abella de la Conca, Agramunt, Barna., Igualada, Tarragona, Valls, Alcalà de X., Benassal, Castelló, Xodos, València, Almúnia, Llanera de Xàtiva, Planes, Palma de Mallorca, Alaró, Artà, Binissalem, Campos, Felanitx, Inca, Llucmajor, Alaior, Ciutadella, Eivissa., etc.

Vilà – *Etim:* del llatí *villānu* = *nadiu o propi d'una vila* / ***Llin:*** Foix, Fornells de la Selva, Anglesola, Manresa, Badalona, Barna., Cabra, Espluga de Francolí, Valls, etc.

Vilagrassa – *Etim:* forma aglutinada / ***Llin:*** Girona, Olesa de Montserrat, Bot, Valls, Sant Mateu, Xert, etc. / ***Topon:*** poble prop de Tàrrega.

Vilalta – *Etim:* contracció de *vila alta* / ***Llin:*** a Alamús, Arbeca, Girona, Gombreny, Barna., Badalona, Castellar del Riu, Gironella, Lluçà, Vilanova de Prades, Valls, Benassal, etc. / ***Topon:*** poblet de: Vilanova de l'Aguda i de Sta. Maria de Merlés (Berguedà)

Vilanova – *Etim:* forma aglutinada dels mots *vila nova,* nom que en l'edat mitjana es donava als ravals fora dels murs / ***Llin:*** Palamós, Berga, Arfa, St. Esteve de Castellar, Valls, Vila-real, Alaquàs, Cocentaina, Palma de Mallorca, etc / ***Topon::*** gran nombre de nuclis de població, alguns molt importants.

Vilaplana – Etim: forma aglutinada de *vila plana* / ***Llin:*** Celrà, Anglesola, Caldes de Montbui, Barna., St. Feliu de Llobregat, Vinaròs, Alcalà de X., Alacant, etc. / ***Topon:*** poblet de la Baronia de Rialb (Noguera)., llogaret de Les Paüls d'Isàvena (Ribagorça) i poble prop de Reus.

Vileta – *Etim:* diminutiu de *vila* / ***Llin:*** Parlabà, Olocau, etc. / ***Topon:*** poblet de Serradui (Ribagorça) *i* poblet agregat a Palma de Mallorca.

Viñes – *Etim:* del llatí *vīnĕa* = *vinya* / ***Llin:*** Prat del Comte, Betxí, etc. Es més abundant com a cognom la forma de plural *Vinyes* (escrit sovint *Viñes*), a Tarragona, Falset, Castelló, Xérica, etc.

Vives – *Etim:* del llatí *vīvas,* 'visquis' aplicat a un infant / ***Llin:*** St. Joan les Abadeses., La Bisbal, Foixà, Vic, Igualada, Llerona, Alcarràs, Barna., Calella, Arenys de Mar, Valls, Benassal, Castelló, València, Pego, Benissa, Elx, Mallorca, Menorca, etc.

Vivanco – *Etim:* nom personal de noblesa originari de Fernán Núnez, pres del monestir de Vivanco.

Yglesias – *Etim.* nom d`origen gallec de Pontevedra derivat del llatí *ecclesia* = *església.*

Ymvernon – *Etim:* ?

Ysach (Isac) – *Etim:* del nom bíblic *Isaac* = fill d'Abraham.antigament escrit *Isac* / ***Llin.*** Gualta, Berga, Puigdalba, Les Cabanyes, Vilanova-Geltrú, Castelló, etc.

Zimmermann – *Etim:*

Agraïments

Als membres de la plataforma ciutadana *Memoràndum* i en particular per la seva dedicació constant a Maria Dulce Vilaplana i Miarnau, Mercè Latorre i Melèt, Úrsula Mas i Montoy, Antonio Alsinet, Pere Bosch, Maribel Bausa, Genara Díez Cuadrado, Montserrat Delmàs, Rosa Guerra Álvarez, Pilar Gamper Martín, Rossana Moncasi i Sílvia i Òscar Suñol i Bert.

Als portantveus dels grups municipals que donaren el vot favorable a la *moció de censura* en la sessió del Ple de l'Ajuntament el 26 de maig de 2017: *Comuns, Crida-Cup, ERC, PDECat* i *PP.*

Al *Síndic de Greuges de Catalunya*, per la seva proverbial diligència en contestar als nostres requeriments formulats i suggerir-ne solucions i tramitació de *queixes*, a banda d'enregistrar i catalogar totes les comunicacions intercanviades i fer-ne el seguiment i valoració d'actuacions i resultats.

A la col·laboració voluntària, altruista i necessària dels meus fills Òscar, Sílvia i Sergi, sense la qual no me n'hauria sortit de compendiar la dilatada informació acumulada i plasmar-la llavors en caràcters informàtics degudament processats o en imatges visuals que han permès la representació i interpretació de realitats objectives, a més de poder fer l'estudi artístic, onomàstic, etimològic i toponímic de làpides i tapiats arrebossats, a banda del disseny de cobertes.

A l'historiador *Josep Tort i Bardolet,* comissionat per a la candidatura del *Turó de la Seu Vella* com a Patrimoni de la UNESCO, per la seva felicitació a l'agost de 2017 arran del que estima *'bon criteri documental i actitud cívica'.*

Als responsables de les entitats públiques i socials següents: Josep Borrell i Figuera per la *Delegació de Cultura de la Generalitat* / Maria Jesús Llavero Porcel pel *Centre d'Estudis Comarcals del Segrià* i l'*Arxiu Històric de Lleida* / Xavier Quinquillà Durich per la *Fundació Orfeó Lleidatà* / Miquel Àngel Soriano-Montagut per l'*Ateneu Popular de Ponent* / Albert Velasco González, conservador del *Museu de Lleida* / Iolanda Enjuanes i Mònica Sesma per l'*Arxiu Municipal* de la *Paeria.*
Agraïments que fem extensius a la resta d'entitats i associacions adscrites a la plataforma d'*Entitats Culturals de Lleida,* que el 19 de juliol de 2017 donaren suport al manifest presentat a la Paeria amb la proposta per demanar la declaració de *BCIL* del departament de Santa Cecília: *Amics*

de la Seu Vella, Arts de Ponent, Associació Ermengòpolis, Castellers de Lleida, Centre Excursionista de Lleida, Centre Llatinoamericà de Lleida, Cercle d'Amics del Museu de Lleida, Cercle de Belles Arts, Coral Shalom, Grup Cultural Garrigues, Òmnium *Lleida-Ponent, Patronat del Corpus de Lleida* i *Sícoris Club.*

SANTIAGO SUÑOL I MOLINA